국제 바칼로레아
IB가 답이다

이미 최고의 교육으로 주목받는 IB의 모든 것

국제 바칼로레아 IB가 답이다

초판 1쇄 발행 2020년 5월 21일
초판 9쇄 발행 2024년 5월 30일

지은이 김나윤 강유경

발행인 백유미 조영석
발행처 (주)라온아시아
주소 서울 서초구 방배로 180 스파크플러스 3F

등록 2016년 7월 5일 제 2016-000141호
전화 070-7600-8230 **팩스** 070-4754-2473

값 15,000원
ISBN 979-11-90820-26-4 (13370)

※ 라온북은 (주)라온아시아의 퍼스널 브랜드입니다.

이미 최고의 교육으로 주목받는 IB의 모든 것

국제 바칼로레아 / IB가 답이다

김나윤, 강유경 지음

International Baccalaureate

RAON BOOK

– 프롤로그 –

IB로 미래를 준비하자

"우리는 알고 있다는 것을 어떻게 아는가?"

이 질문은 IB 고등교육과정 중 필수 프로그램인 지식론의 핵심 질문이다. 대한민국에서 초중고를 다닌 이들이라면 학창 시절 어떤 교사에게서도 이런 질문을 받아본 적이 없다는 사실을 깨달을 것이다. 아마 이 서문을 읽고 있는 대다수의 학부모님들도 이런 질문을 받아본 적은 없을 것이다.

이것은 공부의 가장 본질을 꿰뚫을 수 있는 핵심 질문이다. 이러한 핵심적인 질문들을 통해 학생들은 자신이 어떤 것을 알고 있고, 무엇을 모르고 있는지를 명확하게 파악할 수 있는 능력을 기를 수 있다. 다양한 분야에 걸친 사고력의 훈련은 메타인지 능력을 향상시킬 수 있다. 이러한 지속적인 과정은 자신의 내면을 깊숙이 들여다보고, 이미 가지고 있는 배경 지식을 탐구하며, 갖고 있는 지식과 생각에 의문을 갖게 하는 출발점이 되는 것으로 호기심과 창의성을 극대화시키는 IB 교육의 핵심이다. 한 영역의 단편적인 지식의 습득 과정이 아니라 서로 다른 영역의 지식 연계점들을 연결하며 학생 스스로 정신의 역동적 힘을 기를 수 있는 원동력이라 할 수 있다.

대한민국 공교육에 IB 교육과정 도입은 초읽기에 접어들고 있다. 물론 학교 선정 및 IB 교육과정의 관련 자료 번역 및 여러 절차를 거쳐야 실질적인 교육 현장에서 접할 수 있겠지만, 흐름은 이미 정해졌다. 전 세계적으로 많은 유수의 대학에서 IB 졸업자들의 수학 능력을 높게 평가하고 있고, 우리나라의 몇몇 대학들에서도 IB 교육과정에 대한 연구 및 졸업생들의 입학을 환영하고 있는 실정이다.

국제 바칼로레아 교육기관에서 발표한 자료에 따르면, 미국에서는 점점 더 많은 학교들이 고등교육과정인 디플로마 프로그램(DP)을 도입하여 실행하고 있다고 한다. 일본의 경우도 2013년부터 IB 교육의 공교육 도입을 준비하여 많은 학교들이 이 과정을 시범적으로 운영하고 있으며 IB 인증을 받기 위해 준비 중인 학교들도 꾸준히 늘어나는 추세다.

이렇게 전 세계적으로 각광받고 있는 IB 교육의 핵심은 무엇일까? IB 교육은 앎에 대한 원론적인 접근과 학생 스스로가 주도적으로 학습한 뒤에 국제적으로 공신력 있는 절대평가에 따라 총체적인 학습을 점검받는 시스템을 가장 큰 매력으로 꼽을 수 있다. 아는 것과 모르는 것을 정확하게 인지하고 앎에 대한 원론적인 접근과 합리적인 평가를 받는다면 배움이 주는 충만함은 매우 클 수밖에 없다.

4차 산업혁명 시대의 교육이란?

"교육이란 무엇인가?"

이제는 이 원론적인 질문에 대해 깊이 생각하고 그 정의가 바뀌어야 할 때다. 교육의 본질은 개인이 속한 사회문화적 체제를 배우며 자신의 역량을 활용하여 공동체에 기여할 수 있도록 개인의 능력을 성장시키는 것이다. 교육제도 안에서 학습을 시작하고 배움의 기쁨을 느끼며 평생을 공부하고자 하는 자세를 견지하며 사유하는 인간으로 성장시킬 수 있는 것이 교육의 진정한 목표이고 지향점이 되어야 한다. 그러므로 제도 속의 교육과정 역시 학생들의 개성만큼이나 다양한 과정을 제공하고 지원해줄 수 있어야 한다. 한창 놀아야 할 나이에 놀이를 중단하고 시작되는 조기교육은 배움에서 맛볼 수 있는 진정한 즐거움과 몰입의 기쁨을 빼앗아가는 것이다. 배움을 즐길 수 있는 학생은 그 즐거움을 통해 획득한 지식이나 기술을 몸에 체득할 수 있기 때문이다.

덴마크 출신의 세계적인 미래학자 롤프 옌센은《미래경영의 지배자들(Dream Society)》에서 "현대 사회에서 필요로 하는 인재는 놀이와 일을 구분하지 않고 즐길 수 있는 사람이다"라고 말했다. IB 교육과정에서 제공하고 있는 교과목들은 굉장히 다양하며, 특히 고등교육과정에서 6개의 과목 선택 시에는 학생의 주도성과 자율권이 보장되고 있다. 스스로 배움을 선택하는 자유는 학생 스스로의 내적 동기가 선행되므로 최상의 학습 효율성을 보장할 수 있다. 학생들은 좋은 시험 성적을 얻기 위해서가 아니라, 본인이 선택한 과목을 통해 배우는 것이 재미있어서 학습에 전념할 수 있게 되는 것이다.

이렇게 IB 교육은 평가의 목표보다 학습의 목표에 비중을 두고 있는 교육제도다. 깊이 있는 학습을 통해 난이도 있는 공부의 과정을 견뎌내며 높은 성적을 얻을 수 있는 학습 방식이다. 최고의 교육이란 단순히 머리로 하는 공부가 아니라 자신을 매섭게 단련할 수 있는 기회를 말한다.

지난 2016년 세계경제포럼(WEF)에서 4차 산업혁명이라는 화두가 세상에 던져지고 수많은 미래학자들은 근 미래에 도래할 이 4차 산업혁명의 주요 변화 동인인 인공지능(AI)과 빅데이터의 연계 및 융합으로 일자리 지형이 크게 변화할 것이라 예측했다. 이후 2017년 세계적인 컨설팅 회사인 매킨지앤컴퍼니에서는 2030년경에는 4억에서 8억 개의 일자리가 자동화될 것이라 전망했는데, 다만 인간이 수행하는 업무 중 창의력을 요구하는 업무와 감정을 인지하는 업무는 자동화되기 어려울 것이라 예상했다.

이는 무엇을 의미하는가? 인공지능과 빅데이터가 일자리뿐만 아닌 의사결정에까지 영향을 끼치는 4차 산업시대가 고도화되었을 때, 사람의 가치가 가장 잘 드러나게 될 역량은 인공지능으로 풀어나가지 못하는 정서적 그리고 사회적 능력이 될 것이라는 뜻이다.

저명한 미래학자 앨빈 토플러는 2001년에 이미, 한국의 공장형 학교가 사라져가는 산업 체제에 맞추어진 교육 시스템을 여전히 고수하고 있다고 지적한 바 있다. 전 세계적으로 4차 산업혁명에 대비하기 위해 문제 해결력이나 비판적 사고 등을 강조하는 교육이 이루어지고 있고 우리나라 또한 2015 개정 교육과정에 이를 반영했으나, 현재 우리나라는 아직도 단기간에 효과를 내는 주입식 교육에서 벗어나기 어렵다는 것을 넘쳐나는 사교육 시장이 말해주고 있다.

미래 사회의 변화 양상에 따라 교육의 본질적 방향성이 재고될 시점에 다다랐음을 이제는 어느 누구도 부인할 수 없다.

우리나라의 많은 훌륭한 교육자들은 교육의 본질은 지식의 습득이 아닌 배움을 통한 성장이라고 말한다. 즉 아이들을 경쟁으로 내몰지 않고 평생학습자로서 갖추어야 할 잠재력과 가능성을 즐겁게 찾아주는 데에 그 목적을 두어야 한다고 강조한다. 이 목적에 부합하는 교육과정이 근래 교육계에서 주목받기 시작한 IB라 말하고 싶다.

IB로 성장하는 자녀들

DP 진학 상담을 하다 보면 IB로 성장하는 자녀들의 확장되고 열린 사고를 많은 부모님들이 따라오지 못하고 있는 현실을 종종 마주하게 된다. 즉 학부모들은 여전히 한국적 교육 사고의 울타리를 넘지 못하여 이구동성으로 하나의 목표만을 이야기하는 것이다. 그러나 IB 교육의 최종 목표는 단순히 세계 유수 대학으로 진학하는 것에만 있지는 않다.

IB 과정을 통해 학생은 배움의 여정을 즐기는 자가 되고, 오롯이 자신이 진정으로 원하는 학문 탐구의 길을 찾을 수 있게 된다. 그리고 이것이야말로 IB 교육이 추구하는 교육의 최종 목표이자 종착 지점이다. 가장 안타까운 것은 학생은 스스로 가야 할 길을 찾았는데, 정작 부모님이 이에 동의하지 않거나 입시 성적을 위해 학교와 교사들이 동의해주지 않아 학생들이 자신의 뜻을 접게 되는 경우다.

배움의 여정은 오롯이 개인의 몫이자 권리다. 부모의 정보력과 조부모의 재력에 따라 엘리트 귀족 교육을 받는 현실을 배제하기는 힘들다. 그 정보력과 재력이 어느 선까지는 통할 수 있다. 그리고 그 보이지 않는 엄연한 선이 지금의 대한민국이 가지고 있는 뚜렷한 교육의 허점과 한계를 드러내주는 것도 사실이다. 그렇기에 더더욱 IB 교육의 방식이 하루 빨리 공교육에 도입되는 것이 절실히 필요하다고 생각한다. IB 교육을 통해 글로벌 시민으로의 공동체 의식을 실천하는 교육을 받았던 학생들에게 자신의 욕망 실현에만 가치를 두고 있는 교육은 참된 교육이라 느껴질 수 없을 것이다. 이 시대가 추구해야 할 교육의 최대 가치는 공익의 실현, 글로벌 마인드를 가지고 이것들을 실행하고 실천해갈 수 있는 글로벌 리더로의 교육이다.

IB는 역량 중심 교육과정과 논·서술형 평가 방식을 통해 학생들의 주도적 성장을 추구하는 미래 사회 적합형 교육과정이다. 과정 중심의 평가를 바탕으로 학생들은 오답과 정답, 참과 거짓을 구별하는 것이 아닌 창의력과 비판적 사고, 협업 등을 기초로 한 학습을 통해 비로소 배움의 기쁨을 찾고 삶의 전반에 걸쳐 단단한 사람으로 성장하기 위한 생각을 얻는다.

우리 아이들이 4차 산업혁명이 몰고 올 미래 사회에서 잘 살기 위해 필요한 것은 좋은 성적이나 좋은 대학이 아니다. 인공지능이 추월해갈 수 없는 비판적 사고, 창의력, 의사소통 능력과 같은 일명 '21세기 기술'을 통해 경쟁력을 갖추는 것이 무엇보다 필요하다. 아이들이 찾는 그리고 우리 부모들이 문제지에서 찾는 정답은 삶에서는 찾을 수 없다.

IB 교육과정의 도입을 통해 대한민국의 교육이 '무엇을 교육하는가'에서 '어떻게 교육할 것인가'로, 결과 중심의 교육에서 과정 중심의 교육으로 패러다임이 변화하길 바라고 또 바란다.

김나윤, 강유경

차례

1장
대한민국은 좁다! 아이들에게 날개를 달아주자

2장

IB는 교육 혁신이다!

3장

IB 교육으로 행복한 아이들

4장

IB에서는 어떤 것들을 배울까?

■ 부록

1장

대한민국은 좁다! 아이들에게 날개를 달아주자

청소년 학업성취도 세계 최고, 대한민국의 진실

언어는 존재의 집이다

언어가 존재의 집이라면, 대한민국의 교육자와 학부모들은 어떤 교육의 언어들을 던지며 학생들을 그 안에 거주하게 만들고 있는가? 이들이 학창 시절에 들어왔던 교육에 대한 내용과 2020년 대한민국의 교육을 대변하는 단어들을 비교해보면, 크게 변화가 없다는 것을 느낄 수 있을 것이다. 대한민국의 교육은 '백년지대계(百年之大計)'를 외치고 있지만 늘 제자리걸음인 게 분명하다.

질문을 바꿔보겠다. 당신이 받았던 교육을 그대로 자녀가 받기를 바라는가? 이 질문에 자신 있게 "Yes!"라고 대답할 수 있는 학부모가 대한민국에 몇 명이나 될까?

부모가 되는 순간부터 자녀에게는 무조건적인 지원을 해주고 싶고, 또 자신보다 더 나은 삶을 살아가기를 간절히 바라는 것이 부모의 마음일 것이다. 엄청난 속도로 진행되고 있는 4차 산업혁명의 시대를 맞은 지금, 발전한 기술력은 인간의 뇌파를 감지해서 생각을 읽어내는 모자를 고안하는 데까지 다다랐다고 한다. 이제는 어쩌면 그 어느 시대보다 부모의 감각을 예리하게 살려 더 멀리 내다보고, 훨씬 더 깊이 고민하며 새로운 교육 패러다임에 동참해야 할 때다.

대학만 가면 된다?

오늘 아이와 어떤 대화를 나누었는가? 최근 자녀와의 대화에서 공부에 대한 이야기 말고 무슨 이야기들을 했는가? 입시생을 두었던 학부모와 일선 학교의 교사들은 '대학만 가면'이라는 문구를 1년 내내 무한 반복했을 것이다. 또는 '공부만 잘하면'이라고 시작하는 문장으로 자녀들을 공부에 매어두려고 했던 경험도 있을 것이다.

사실 사회에서는 공부만 잘하면 많은 부분이 용인되기도 한다. 학벌 위주, 성적 위주의 사회에서 기성세대 역시 이런 교육의 언어를 듣고 자라 어른이 되었고, 공부만 잘하면 모든 것이 해결된다고 생각한다.

이런 대화들 속에서 부모도 학생도 공부의 주체가 누구인지 혼란스러워한다. 지금의 공교육은 학생의 학습과 흥미보다는 공교육 자체의 시스템에 의해 지식을 주입한다. 그렇다 보니 결국 시간이 흐

를수록 공부의 주체가 되어야 하는 학생 각자는 점차 그 안에서 길을 잃을 수밖에 없었던 것이다. 언제까지 이렇게 시스템에 갇힌 교육을 답습해야 하는 것일까?

미리 배우는 아이들의 결과

우리는 국가별 평균지능지수 조사에서 한국인이 1위를 차지한 통계자료들을 종종 접할 수 있다. 이를 통해 전 세계적으로도 머리가 좋은, 1위의 민족이라는 자부심을 느끼기도 한다. 또 그에 걸맞게 최고의 사교육비를 지출하고 있기도 하다.

과열된 조기교육 및 선행학습으로 영재들의 수도 많지만, 아쉽게도 그에 비해 세계를 괄목시킬 만한 성과를 내는 비율은 저조하다고 할 수 있다. 조기교육과 선행학습에 시달린 아이들은 중고등학생이 되면서 수업 내용 및 과제에 대한 이해도를 포함해 학습 전반에 대한 흥미도가 크게 떨어진다. 국가별로 비교해보아도 세계 최고의 학업성취도를 나타냈던 우리나라의 아이들은 나이가 들수록 학습에 대한 역량이 하락하여, 성인이 되면 학업성취도가 경제협력개발기구(OECD) 국가들 중에서도 하위를 기록하게 된다.

정말 수학을 좋아해서 공부했을까?

한국의 중학교 2학년 학생이 세계 최고의 수학 성적을 획득했다.

외국 기자들은 이렇게 난이도가 높은 수학 문제를 잘 푸는 걸 보니 수학을 정말 좋아하는 것 아니냐고 질문했다. 이 질문에 한국 학생의 대답은 "아니요"였다. 그러면 나중에 수학과 관련된 학문을 전공하거나 계속 수학을 공부하겠느냐는 질문에도 학생은 또 한 번 단호하게 아니라고 대답했다.

이런 학생을 미래의 인재라고 할 수는 없다. 단지 선행학습으로 잘 길러진 수학 학습 기술자일 뿐이다. 애석하게도 학교의 바람대로, 부모의 바람대로 단지 공부만 잘하는 학생으로 길러지고 있는 것이다.

기성세대인 부모들은 자녀가 공부를 잘해서 '명문' 대학에 진학하고, 대학을 졸업하면 안정적인 직장을 얻어 살아가기를 바라는 이들이 대부분이었다. 학생들 역시 공부를 하는 목적은 대개 좋은 직업을 얻어 잘 먹고 잘살기 위한 것이었다. 결국 우수한 학생들의 역량이 지속적으로 개발되지 못하고, 세계적인 성과를 낼 수 있는 글로벌 인재도 탄생하지 못하는 것이 우리나라 교육의 현실이다.

잘못된 교육의 폐해

현재 전 세계적으로 STEM 교육[과학(Science), 기술(Technology), 공학(Engineering), 수학(Mathematics)에 중점을 둔 교육]의 중요성이 대두되고 있다. 그런데 한국에서는 수학 및 과학 과목에 대한 잘못된 학습 접근법으로 오히려 많은 학생들이 특정 과목을 기피하는 결과를 만들어내고 있다. 실제로 2019학년도 대학수학능력시험(수능) 중 수학 '가'형(이공계 전공용)은 전체 중 31.8%의 학생만이 선택했다. 고등학교에서 과학 심화 과목을 이수한 학생도 수능에서 이 과목을 선택하는 비율이 매우 낮다는 것을 2019학년도 수능 통계를 통해 확인할 수 있다.

이와 맞물려 대한민국의 성인들은 대학 진학 후 20대 후반부터는 공부를 하지 않기 때문에 언어 및 수리력, 컴퓨터를 기반으로 하는 문제 해결 능력 등의 역량이 현저하게 저하된다. 각 연령대별로 갖추고 있는 역량을 OECD 국가 평균과 비교해보면 심지어 40대 이후부터는 연령대가 높아질수록 격차가 더욱 커지고 있다. 이것은 앞으로 다가오는 4차 산업혁명 시대에 국가 경쟁력을 위협하는 여러 요소들 중 하나가 될 것이다.

대한민국 교육의 현주소

그렇다면 대한민국 중고등학생들이 보여주는 세계 최고의 학업 성취도와 세계 최하의 학업 흥미도는 무엇을 설명하는 것일까? 바로 대한민국 교육의 불균형을 극명하게 드러내는 지표라고 할 수 있다.

현재 우리의 교육은 인간의 영혼성을 배제한 교육이다. 학업성취도 역시 학생 자신의 욕구와 흥미가 고려되지 않아 진정한 내적 동기부여가 결여된 채, 부모의 재력이나 정보력으로 만들어진 경우가 많았다. 따라서 20대로 접어들고 대학생이 되면서부터 학업성취도가 급격하게 하락한다. 결국 이는 자신의 인생 궤도를 올바르게 형성하지 못하고 이탈하게 되는 것으로 이어지며, 나아가 사회 곳곳에서 심각한 문제로까지 대두되고 있다.

지금까지의 교육은 3차 산업혁명 시대에 걸맞은 월급 기술자들을 생산하기 위한 최적의 교육이었을 것이다. 그러나 앞으로는 대부분의 일자리가 인공지능 로봇들에 의해 대체될 것이라고 많은 학자들이 예견한다. 따라서 다가오는 4차 산업혁명 시대에는 단편적인 지식과 기술의 습득보다는 인간과 미래에 대해 보다 더 깊이 이해할 수 있으며, 지역 공동체 및 글로벌 사회와 인류 전체에 기여할 수 있는 인간을 길러내는 교육이 요구된다.

대학 중퇴자 스티브 잡스가 한국에 태어났다면 어땠을까?

학벌 사회의 그늘

지난 2007년 한 대학교수가 학위를 위조한 것이 밝혀지면서, 이를 시작으로 대한민국 사회 각계에는 학력 위조 검증의 바람이 불었다. 그런데 그중에서도 대중의 이목이 집중된 곳은 단연코 연예계였다. 배우는 연기로, 가수는 노래로 평가받아야 할 텐데도 본업과는 상관이 없어 보이는 학벌의 문제가 대두된 것은 상당히 놀라웠다. 물론 이는 실력이 좋든 좋지 않든, 학벌로 인해 얻는 이득과 가장 무관한 듯 보이는 연예인에게조차 '서울대 출신 배우', '미국 명문대 출신 가수'와 같이 학벌에 대한 수식어가 대중의 호감도를 높이기 위한 전략으로 따라다니는 것이 현실이었기 때문일 것이다.

이와 같이 대한민국 사회에서 학력은 한 사람에 대한 종합적 판단을 내리는 대표적인 지표가 된 지 오래다. 명절에 친척들과의 식사 자리에서나 오랜만에 모인 동창회에서도 자식 자랑은 학벌순이고, 자녀의 대학 이름이 부모에게 자신감의 잣대가 되는 것이 보통이다. 누구나 알고 있듯 대한민국은 학벌 중시 풍조가 뿌리 깊게 박인 '학벌 사회'다.

너도나도 대학 가는 사회

이런 사회 분위기 덕택일까, 대한민국은 세계에서 대학 진학률이 가장 높다. 불과 60여 년 전에는 전쟁을 겪고 각종 물자를 지원받던 지독히도 빈곤한 나라였지만 현재는 청년 10명 중 7명이 대학에 가는 나라가 되었다. 이는 OECD 회원국 평균의 2배를 웃도는 수치다. '나보다는 잘 살았으면 좋겠다'는 부모 세대의 열망과 외환위기가 맞물려 낳은 결과다.

게다가 모두가 전문대학도, 일반 4년제 대학도 아닌 명문대를 가길 원한다. 이 목표를 이루기 위해 또래들과의 경쟁에서 살아남으려는 아이들로 대치동 학원가의 불빛은 한시도 꺼질 날이 없다. 또한 이렇게 뒤틀린 교육열의 부작용으로, 성적 비관과 입시 스트레스로 인한 학생들의 자살 사건도 뉴스 등을 통해 심심치 않게 접할 수 있다. 어떤 시절보다 행복해야 할 10대 학생들의 절반이 성적으로 인해 자살 충동을 느껴보았다는 통계도 있으니, 참으로 슬픈 일이다.

"보수적인 부모는 자녀가 단지 일류대생이 되길 원하고, 진보적인 부모는 자녀가 의식 있는 일류대생이 되기를 바란다."

– 《가장 왼쪽에서 가장 아래쪽까지》, 김규항, 지승호, 알마, 2010.

학벌은 현대 사회에서 신분제의 역할을 하고 있다. 학벌에 따라 권력이 차등 분배되고 이에 따라 다시 사회적, 경제적 불평등이 발생한다. 소위 'SKY' 대학을 나오지 못하면 어느 곳에서나 높은 직책에 앉기 어렵다는 인식이 팽배하다. 학벌은 곧 지배계급이고 권력이 된 지 오래다.

이런 사회 분위기에서 대학 졸업장이 없는 청년은 설 자리가 없다. 굳이 대학 졸업장이 필요 없는 기능직 청년들조차도 고졸이라는 이유로 취업의 문턱에서 기회조차 얻지 못하는 경우가 허다하다. 능력과는 별개로 저임금을 감내해야 하고, 진급에서 차별되는 등 부당한 처사에 시달리는 것도 여전한 현실이다. 개중에는 '고졸 신화'를 쓰며 자기 분야에서 성공한 사례도 있으나 이는 극소수에 불과하며, 현실의 벽 앞에서 많은 이들이 늦게나마 대졸자 대열에 합류하고자 애쓴다.

생각해보자. 만일 스티브 잡스가 한국에서 태어났다면 과연 그런 성과를 거둘 수 있었을까? 대학을 중퇴했다는 이유만으로 제대로 된 기회도 얻지 못하고 재능을 썩히지 않았을까?

졸업장으로 말하는 시대는 끝났다

학벌주의는 사실 대한민국만의 문제가 아니다. 최근 전 세계를 떠들썩하게 했던 미국의 명문대 입학 비리 사건에서도 볼 수 있다시피, 재벌가는 부의 대물림을 위해 여전히 몇십억 원의 돈을 기부하면서까지 자녀를 명문대에 보내고자 한다.

그러나 4차 산업혁명 시대가 도래하여 인공지능이 많은 것을 대체하게 되면 학벌이 곧 성공이라는 공식은 무력화될 것이다. 명문대 진학, 대기업 취업의 수순이 '좋은 삶, 성공한 삶'의 기준인 사회의 구조를 타파하고 평생학습자로서 그 이후에 펼쳐질 기나긴 삶을 충실히 살아갈 수 있도록 만들어주는 것이 어른들의 숙제가 아닐까? 우리나라에서도 스티브 잡스보다 더 뛰어난 인재가 나오기를 기대한다.

사람들이 정시를 원하는 진짜 이유는?

대한민국의 교육은 대학 입시 위주로 돌아간다

대한민국의 교육은 대학 입시를 위주로 돌아간다. 흙을 만지고 잔디에서 뒹굴며 놀아야 할 초등학생이 받아쓰기도 제대로 하지 못하는 나이부터 논술을 배우고, 작은 손으로 연필을 쥐고 《수학의 정석》을 푼다. 이와 같이 대입으로 향하는 길의 끝에 있는 한 차례의 시험, 대학수학능력시험(수능)을 위해 대한민국의 학부모와 학생들은 모든 것을 건다.

수능 당일이면 각종 언론에는 교문 앞에서 자녀를 위해 기도하는 부모들의 사진이 연달아 올라오고, 시험을 치르는 고3 학생들의 원활한 이동을 위해 전 국민의 출근 시간이 미뤄지는가 하면, 영어 듣기평가 시간에는 비행기의 이착륙까지 금지된다. 대학 입시는 단연코 대한민국의 가장 큰 연례행사 중 하나다.

변질된 수능 제도

대한민국 교육과정의 주요 평가방법과 동일하게 수능에서는 명제의 참 혹은 거짓을 판별하고 오답 중 정답을 찾는 선다형 평가를 채택한다. 선다형 평가는 부정이 개입될 여지를 최소화해 공정한 선발이 가능하고, 단순한 지식이나 정보의 습득 여부를 평가하기 쉽다는 장점이 있다.

그러나 단편적인 지식이나 정보를 중심으로 평가함으로써 학생들의 인지 구조의 변화나 이해 수준에 대한 정확한 진단이 어려울 뿐만 아니라 정답을 이끌어낸 추론 과정을 알 수 없다. 즉, 과정이 아닌 결과에 대한 평가다. 그렇기 때문에 학생들은 대입을 중심으로 이루어지는 현재의 교육 시스템에서 고득점을 받기 위해 문제풀이식, 암기식 교육의 고질적 병폐를 벗어나지 못한다.

본래 수능은 암기식 교육을 강요했던 학력고사의 폐해를 극복하려는 취지로 1993년에 도입되었다. 한국교육과정평가원의 초대 원장으로 수능을 처음 만든 박도순 고려대학교 교육학과 명예교수도 본래의 수능은 개인의 잠재능력을 평가하기 위한 것이지, 학력을 평가하여 입시를 위한 변별력의 도구로 적용하기 위한 시험이 아니라고 언급했다. 그래서 당초의 수능은 고등학교의 교과 내용과는 무관한 언어, 수리탐구 및 외국어로 구성되었고 문과와 이과의 구분도 없었다.

그러나 여러 차례의 개정을 거치며 기존의 정체성은 극도로 왜곡되었다. 근래의 수능은 변별력을 기른다는 핑계로 지나치게 난이도가 높아졌고, 심지어 공교육만으로는 풀기 어려운 교육과정 영역 외의 문제들까지 출제되고 있다. 아쉽게도 상위 성적의 학생들을 줄 세우기 위한 도구, 사교육 업계의 돈줄, 학부모의 재력 평가 수단으로 이용되는 것이 현재의 수능이다.

수시는 제대로 된 보완일까?

이러한 수능의 단점들이 언급되면서 생활기록부와 내신을 기반으로 한 수시 모집의 비중이 점점 늘어났다. 각 대학에서는 수시 모집 비중을 모집 인원의 70% 정도로까지 늘렸는데, 그 과정에서 부작용들이 나타났다. 학생부종합전형(학종)을 중심으로 한 수시 전형에서 내신성적이나 봉사활동 경험 조작과 같은 문제가 드러나면서, 대다수의 학부모와 학생들은 수시의 공정성 자체에 의문을 가지게 되었다.

지난 2016년, 대한민국을 떠들썩하게 한 정유라 부정입학 사건으로 수시의 공정성에 대한 논란은 더욱 본격적으로 불거지기 시작했다. 이 사건에서도 볼 수 있듯 학종은 학생의 노력보다 부모의 재력과 인맥이 입시 결과에 영향을 미칠 수 있었고, 과정도 투명하지 않았다. 공정성에 대한 의문이 끊임없이 제기되었고 '깜깜이 전형'이라는 비아냥거림을 받았다.

정시는 최소한 성적순으로 줄을 세우니 그나마 공정하지만 수시는 특권층, 소위 '금수저'일수록 유리할 수밖에 없다는 인식이 사회 전반에 자리 잡게 되면서, 이후 학부모와 학생들은 꾸준히 정시의 확대를 주장해왔다. 그럼에도 여전히 4년제 대학과 전문대학 모두에서 정시 모집 비중이 빠르게 줄고 있으며 수시 전형에서도 수능 최저등급을 적용하는 경우 또한 크게 줄었다. 대학들은 높은 수시 모집 비중에 대해 좋은 학생들을 변별력 있게 선발하기 위한 선택이라고 주장하지만, 결과적으로 대입 평가 자체에 대한 학부모와 학생들의 신뢰도를 떨어뜨리는 결과를 낳았다.

4차 산업혁명에 맞는 교육을 위하여

2019년 10월 25일 교육개혁 관계 장관회의에서 문재인 대통령은 서울 소재 상위권 대학의 학종 비중을 줄이고 정시 비중을 확대하겠다는 입장을 공식화했다. 그러나 세상은 많이 달라졌다. 그간 시대가 변함에 따라 사회가 필요로 하는 인재상도 변화했고, 이에 따라 교육의 변화도 더욱 절실한 상황이다.

선다형 평가에 종속된 한국의 공교육은 4차 산업혁명이 몰고 올 파급에서 살아남을 수 있는 핵심 기술, 즉 '21세기 기술' 가운데 비판적 사고, 창의성, 의사소통 능력, 협력과 같은 역량은 제공하지 못하고 있다. 따라서 미래에 갖추어야 할 창의력 교육이 절실한 현재의 상황에서는 평가의 방식부터 바꾸는 것이 중요하다.

한 가지 정답만 찾으며 세상을 하나의 사고로 바라보는 편협한 학생들을 만들어내고 있는 현재의 상황은 단순히 개개인의 문제로 그치는 것이 아니라, 미래의 대한민국을 결정하는 보다 큰 문제다. 결과가 아닌, 결과에 도달하는 법을 교육하는 것이 필요한 시대에 과연 지금 이대로의 수능을 고집해야 할지, 아니라면 그 대안은 무엇이 될 수 있을지 우리 사회가 깊이 고민해야 할 시점이다.

교육부가 뭔가 해주길 기다리지 마라

제도 안에 갇힌 대한민국의 교육

대한민국의 교육 시스템이 제도 안에 갇혀 있다는 것을 부인할 사람은 없을 것이다. 국가의 정권이 바뀔 때마다 교육제도의 근본이 흔들리고 정책이 변경되는 것이 우리 교육의 현실이다. 그리고 이런 뿌리 없는 교육의 폐해는 고스란히 학생들의 몫이 될 수밖에 없다.

2019년 11월, 교육부는 '고교 서열화의 해소와 함께 일반 고등학교의 교육역량 강화 방안'을 발표했다. 이에 따르면 향후 몇 년 내로 자율형 사립고와 특수목적고등학교인 외국어고, 국제고는 일반 고등학교로 전환된다. 또한 이와 함께 일반 고등학교의 역량 강화를 통해 경쟁력을 향상시키고 교육의 불평등을 해소하겠다는 방안을 제시했다.

이제 5년 내로 진행될 고교 서열화 해소 작업을 위해 엄청난 예산 및 인력이 투여될 것이다. 그러나 이런 학교들의 전환 작업을 통해 현재 심화되어 있는 사교육비의 부담 및 학교 간의 위화감 등이 해소될 수 있을지는 의문이다. 교육부의 이러한 획일적인 정책들을 보면 다가올 미래 사회에 대해서는 전혀 고려하고 있지 않음을 알 수 있다.

방향성 없는 교육제도

국가에서 교육 시스템을 관리하고 방향성을 제시할 수는 있지만, 각각의 학교들에서 진행해나갈 교육과정의 내용까지 일괄적으로 관리하고 있는 현실은 창의 융합형 인재를 키울 수 있는 확률을 0으로 만든다. 공립학교에서 진행하고 있는 2015년 교육과정이 개정되어 실행된 지도 불과 몇 년 지나지 않았다. 그러나 이번 개정안에서는 2020년 초중등학교의 부분 개정을 진행하고, 이어 향후 5년 내에 전면 개정을 통해 고등학교에서 학점제형 교육과정을 운영하겠다고 한다. 이러한 제도 역시 우리나라의 현실적인 교육제도를 고려하지 못한 정책임을 알 수 있다.

2015년 교육과정 개정으로 "꿈과 끼를 키울 수 있는 교육과정을 마련한다"라는 취지의 자유학기제가 중학교에 도입되었다. 자유학

기제는 효율적인 교육의 목표를 이룰 수 있으며, 유럽의 선진 교육형 국가에서 오랜 시간을 들여 운영해오고 있는 제도이지만, 몇 년간의 시행을 통해 도입한 후에도 우리 교육 현장에서는 고전을 면치 못하고 있다. 그에 따라 이 제도 속에서도 혼란의 시간을 겪어내고 있는 중학생들을 볼 수 있다. 이처럼 실험적인 교육정책이 때로는 학생들에게 배움에 대한 열정을 사라지게 하는 결과를 가져오기도 한다.

자는 척하는 아이는 깨울 수 없다

"책상에서 졸고 있는 학생은 깨울 수 있지만 자는 척하고 있는 학생은 절대 깨울 수 없다"라는 말이 있듯이, 지금의 교육은 학생들로 하여금 공부에 대한 열정과 배움에 대한 흥미를 상실하게 만들고 있다. 어쩌면 현실을 고려하지 않은 탁상공론과 같은 교육정책들이 책상에 앉은 학생들을 자는 척하게 만들고 있는지도 모른다. 그리고 반항하는 아이보다 무기력에 빠진 아이를 깨우는 일이 훨씬 더 어렵다.

공부에 의욕을 상실한 학생들이 학교에서 무기력한 시간들을 보내며 배움에 대해 냉소적인 태도를 가지게 되고, 그것이 삶의 전반적인 태도로 자리 잡아가는 곳이 대한민국 교육의 현장이 아닐까. 학생들은 조기교육으로 시작되어 재미없는 학교 교육으로 이어지는 과정에서 학습과 배움에 대한 흥미를 잃어간다. 뚜렷한 내적인 동기나 배움에 대한 목표 없이 입시만을 위해 달렸던 학생들은 대학 이후 배움의 즐거움을 잃게 되기도 하고, 그렇게 10대에 공부를 포기한 학생들이 더 나이가 들면 쉽게 인생을 포기하는 일도 일어난다. 그래서 감히 대한민국의 공교육은 교육이 아니라고 말하는 교육학자들도 있다.

기성세대의 변화가 자녀 변화의 시작이다

다가오는 초인류 시대, 교육의 혁신은 자녀를 키우고 있는 기성세대인 부모의 의식 변화가 선행되어야 한다. 가정과 가족이라는 울타리는 학교보다 먼저 자녀들의 교육이 시작되는 곳이다. 아무리 좋은 최신 교육과정과 최고의 강사진을 가지고 있는 학교에서 제대로 된 교육을 받고 집에 돌아와도, 아이가 삶 속에서 그것을 실천할 수 없다면 죽은 교육이고, 교육과 현실 사이의 괴리감은 지금보다 더욱 커질 것이다. 따라서 다가오는 4차 산업혁명 시대에 가장 지양해야 하는 교육은 실천 없는 교육, 지식을 습득하기만 하는 결과 중심적인 교육이다.

진정한 공부는 배움을 즐기고 사유의 세계를 넓혀 자신을 더 나은 인간으로 단련하는 과정이다. 더 많은 지식과 기술을 습득하며 얻는 즐거움과, 그러면서 성장하고 성숙하는 자신을 바라보는 성찰의 시간이 되어야 한다. 그러나 현실에서는 전략적인 공부법이 최고의 공부법으로 생각되고 있다. 사교육으로 점철된 공교육의 터널을 지나 대학 졸업장을 가슴에 품고 사회에 진출하며, 사회의 요구에 부응하는 삶을 살아가는 시민만을 만들고자 하는 것이다.

현재의 부모 세대 역시 대부분 이런 삶의 모습을 답습하며 살아가고 있기 때문에, 다가오는 새로운 시대를 맞이할 의식의 혁신을 위해서는 공부가 필요하다. 우리는 몇 세대에 걸쳐 대학 졸업장이 개인의 삶을 좌지우지할 수 있고, 그것으로 삶의 안전망을 구축하는 시대를 살아왔다. 자신의 삶을 자신의 뜻대로 연출하며, 창의적인 삶을 살아가기는 결코 쉽지 않은 것이 바로 우리의 현실이었다.

지금까지와는 다른 변화가 다가온다

이제 펼쳐질 삶의 여정은 우리의 예상과는 다른 변수들을 통해 이루어질 것이다. 특히 다가오고 있는 4차 산업혁명의 시대에 미래의 예측은 그 어느 시대보다 다양한 범주들을 아울러야 한다는 어려움이 있다.

2013년 영국 옥스퍼드 대학 연구팀의 예측에 의하면 현재 존재하는 직업의 47%가 사라질 위험에 있으며 특히 사무원, 회계사, 은행원, 기자, 변호사, 의사, 교수 등 중간관리직과 전문직이 큰 영향을 받을 것이라고 한다. 세계경제포럼에서 2016년 발표한 보고서인 〈미래의 직업〉에서는 앞으로 5년간 선진국과 신흥국 15개국에서 710만 개의 일자리가 사라지고, 새로운 일자리는 210만 개 생길 것이라고 예측했다. 결국 2019년에 초등학교에 입학한 학생들의 65%는 지금은 아직 존재하지 않는 새로운 직종에서 일하게 될 것이다.

그리고 이에 따른 밥그릇 싸움은 대한민국을 넘어 글로벌로 이어질 것이다. 또한 인공지능, 무인자동차, 클라우드, 사물인터넷, 신재생에너지, 나노기술 등의 최첨단 기술 영역에서 치열한 각개전투도 예상된다.

예측 불허의 시대를 준비하기 위해서는 부모 세대가 먼저 현실을 직시하고 결과보다는 배움의 긴 여정에 초점을 맞추어 자녀들이 배움을 향한 열정을 가질 수 있도록 깊은 관심을 기울여야 한다. 자녀를 스스로 움직이게 하는 내적 동기와 열의야말로 바른 공부의 길로 이끌어줄 것이다. 그래서 스스로를 파악하고 자신이 원하는 방향에 따른 목표를 갖게 된다면, 그 과정에서 마주하게 될 어떤 장애물에도 쉽게 넘어지고 포기하지 않을 것이며, 좌절하지 않고 지속적으로 노력하는 학습 태도를 갖게 될 것이다.

그러므로 난이도 높은 학습에 대한 도전 및 실패 속에서도 다시 시작을 할 수 있는 용기와 자신감이 필요하며, 이러한 과정들은 결국 진정한 삶에 대한 탐색과도 일치할 수 있다.

제프 베조스, 래리 페이지, 일론 머스크의 공통점은?

사업이 바로 라이프스타일이다

우리는 제프 베조스, 래리 페이지, 일론 머스크와 같은 이들을 성공적인 IT 비즈니스맨으로 기억하지만, 그들에게는 또 다른 공통점이 있다. 이들에게는 사업이 특별한 것이 아니라 그 자체로 라이프스타일이었다는 점이다. 우리와 동시대를 살아가고 있지만 사업에서의 놀랄 만한 업적을 살펴보면 이들의 삶은 이미 시공간을 초월한 것처럼 보이기도 한다. 또한 다가오는 시대에 그들의 영향력이 더욱 커질 거라는 사실에 대해서도 많은 이들이 공감할 것이다. 그렇다면 이들이 4차 산업혁명의 시대에 IT 선두 주자로 나설 수 있었던 저력은 무엇일까?

천재가 된 돈키호테들

베조스와 머스크는 모두 유년 시절에 부모의 이혼을 경험하며 결핍을 경험했다. 머스크는 남아프리카공화국에서 살던 어린 시절에 학교 폭력을 경험했다고 하고, 베조스가 유년 시절을 보낸 미국의 뉴멕시코 역시 낙후된 지역이었다. 베조스는 이런 결핍된 환경이 자신에게 성공에 대한 갈망을 갖게 했다고 말한다. 또 유년 시절부터 우주 과학 및 컴퓨터에 몰입했던 머스크는 이미 12세에 비디오 게임을 개발해서 판매한 경험이 있으며, 오락실 사업을 주도하기도 했다고 한다. 이렇게 10대에 경험한 몰입의 에너지가 그를 끝없이 변신하는 사업가로, 또 거듭되는 실패에도 불구하고 몽상을 현실로 만드는 집념의 비즈니스맨으로 성장하게 한 것이다.

베조스는 마이애미로 이주해서 10대를 보냈다. 컴퓨터의 매력에 점점 빠져들었고, 갖가지 발명품들을 고안해서 만들기 시작했다. 이와 함께 생애 첫 사업인 '드림 연구소'를 통해 초등학생을 대상으로 하는 교육용 여름 캠프 사업을 시작했다. 페이지의 경우 컴퓨터 관련 직업을 가지고 있던 부모의 영향으로 어려서부터 컴퓨터를 가까이했으며, 24세의 나이로 1996년에 구글을 창업하게 된다.

실리콘밸리의 돈키호테력

실리콘밸리에서는 일반인들이 상상할 수도 없는 아이템으로 새로운 사업을 시작하는 21세기형 돈키호테들을 심심치 않게 볼 수 있다. 앞에서 말한 세 명의 인물도 누구보다 뛰어난 '돈키호테력', 즉 엉뚱하면서도 기발한 상상력을 발휘하고 있다. 페이지는 구글 엑스를 설립했고, 인공지능 및 자율주행차 사업을 이끌었다. 자율주행차 사업을 통해 구글은 앞으로 택시나 배달업계에 또 다른 영향력을 미치게 될 것이다. 베조스와 머스크는 우주 사업의 주도권을 놓고 경쟁을 벌이기도 했다. 아마존은 재활용된 뉴셰퍼드 우주선을 발사한 후 무사히 귀환시키는 실험에 성공했다. 머스크 역시 스페이스 엑스를 설립하여 자신의 오랜 꿈인 화성 영구 정착지 건설의 실현을 위해 로켓을 개발하는 등 지속적인 노력으로 사업을 진행 중이다.

이들의 또 다른 공통점은 거듭되는 사업 실패 속에서도 조직을 쇄신하고 새로운 투자자를 유치하며 자신들의 비전을 사업으로 확장시켜 현실화해나간다는 점이다. 일론 머스크는 "정말 중요하다고 생각하는 어떤 일이 있다면 그것을 계속 밀고 나가야 한다. 난 돈을 더 많이 벌기 위해 이 일을 하는 게 아니다. 인류의 미래를 위해 정말 중요하다고 생각하기 때문에 하는 것이다"라고 말하기도 했다.

자신이 중요하다고 생각하는 일에 대해서는 어떤 환경적인 요소에도 포기하지 않는 집념이 있었기에 오늘날과 같은 성공을 거두었다는 것을 알 수 있다. 또한 인류의 미래를 품고 있는 꿈의 크기, 그 꿈을 현실로 실현해내는 창의성, 포기하지 않는 집념 등은 그야말로 그의 돈키호테력을 설명해준다.

학업과 부모 찬스로 못 크는 한국의 돈키호테들

대한민국에서는 대부분의 청소년이 대학에 가기 전까지 줄곧 책상에 앉아서 공부만 해야 한다. 그래서 10대에 다양한 체험과 놀이를 통해 몰입을 경험하거나 꿈의 크기를 확장하기 어렵다.

창의성은 다양한 경험과 자연 속의 체험들이 자기 성찰의 과정을 거쳐 경험 간의 고리들이 연결되는 순간 발현되는 것이다. 그리고 자기 주도적인 선택 후에 실패를 맞이하게 되더라도, 그 경험을 통해 재시도를 결정하거나 또 다른 시도를 계획할 수 있는 실행력이 길러진다. 그러나 대한민국의 학생들은 20세가 되어도 이런 경험치를 거의 가지고 있지 못하다. 매일 학교와 학원을 오가는 생활 속에서 어떻게 자기 주도적인 선택의 순간이나 실패의 경험들을 오롯이 겪어볼 수 있을까?

이처럼 학생들의 잃어버린 10대의 활동들, 창의성의 근간이 될 꿈의 체험을 되살릴 수 있도록 실질적인 방법을 모색하는 교육 프로그램 중 하나가 IB다.

스스로 만들어내는 지식

똑같은 10대 학생이지만, IB(International Baccalaureate, 국제학위) 교육과정을 채택한 학교에 재학하는 중학생들은 다양한 비교과 활동을 경험하며 학창 시절을 보내고, 각종 체험을 통해 창의성과 집중력을 개발할 수 있다. 학교들이 위치한 지역이나 각 학교의 특색에 따라 차이도 있지만, 많은 수의 학교들이 학기마다 수십 개에 달하는 비교과 활동들을 운영하고 있기 때문에, PYP(Primary Years Program, 초등교과과정), MYP(Middle Years Program, 중등교과과정)를 거쳐 DP(Diploma Program, 고등교과과정)에 이르면 상상을 초월하는 경험치를 체득할 수 있다.

양로원에서 봉사활동에 참여하고 있던 한 학생은 역사적 주제에 대한 구술 역사 프로젝트를 진행하면서, 그곳에서 만난 노인이 들려주는 살아 있는 역사에 대해 경험할 수 있었다. 책을 통해서만 배웠던 역사에 대해 직접 조사하고 기록 작업을 하면서 역사 교과목과 연계된 개인 프로젝트 및 소논문 작성을 진행했고, 중고등학교 학업을 병행하면서 CAS(비교과 활동) 프로젝트로 개인 역사서를 출판하는 커다란 경험을 할 수 있었다. 이 학생은 이 프로젝트를 직접 기획하고 진행한 이후, 지루하다고만 여겼던 역사 과목에 대해 새로운 시각을 가질 수 있게 되었다고 말한다.

이러한 10대의 깊이 있는 경험들은 학생들이 성장하면서 다양한 학문을 공부하며 다각도의 창의성을 발휘할 수 있는 인재로 커갈 수 있도록 한다.

IB에서 추구하는 비교과 활동의 교육목표는 하나 혹은 다양한 영역을 포함하며, 새로운 도전을 통해 개인의 성장을 이룰 수 있는 기회가 되어야 한다는 것이다. 이에 더하여 IB에서 제시하고 있는 학습자상에 부합하거나 관련 역량을 습득하는 기회가 되었음을 증명할 수 있어야 하고, 이러한 활동들을 통해 학생 스스로 성취감과 즐거움을 느낄 수 있어야 한다(IB의 학습자상에 대한 구체적인 정보는 부록을 참고하라). 또 자신을 포함한 공동체에 유익한 변화 및 발전을 도모할 수 있으며, 지속적이어야 한다. 이런 IB 비교과 활동을 통해 학생들은 책과 교실에서는 얻을 수 없는 다양한 것들을 스스로 체득하고, 튼튼한 날개를 키워갈 수 있게 된다.

실리콘밸리형 인재는 가정에서 만들어진다

1급 인재가 몰려드는 곳

구글, 페이스북, 인텔, 넷플릭스 등 세계 시장을 이끄는 수많은 기업들이 밀집해 있으며, 미국 혁신 문화의 중심에 서 있는 실리콘밸리는 흔히 '정글'로 비유된다. 이곳에서는 사람들의 창의성, 비즈니스 감각, 투자 자본 등 여러 요소가 섞여서 번창하고 멸망하며, 다시 이를 이겨낸 기업들이 속속 탄생한다. 무엇이 실리콘밸리를 이처럼 특별하게 만들었을까?

실리콘밸리를 오늘날의 혁신 수도로 만든 비결 중 하나는 전 세계에서 몰리는 '1급' 인재들이라고 볼 수 있다. 과거에는 인재들이 월스트리트나 워싱턴 정부 단지로 모였지만, 세대가 교체되며 이제는 누구나 실리콘밸리 입성을 꿈꾼다. 실리콘밸리가 지식정보사회를 주도하며 지속적으로 성장하는 데에는 이와 같이 몰리는 인재들을 받아들이는 인적 자원 개발 체계가 구축되어 있다는 것이 그 배경에 있다.

세계 각국에서도 실리콘밸리를 모방한 하이테크 산업단지를 구축해왔으나 별다른 성과를 거두지 못하고 있는 것은 바로 이러한 인적자원 개발 체계가 제대로 작동하지 않고 풍부한 기술 인력이 제대로 공급되지 못하는 데에 있다. 그렇다면 실리콘밸리에서 말하는 고급 인력, 즉 1급 인재를 만드는 비결은 무엇일까?

'실패'로 성공한 사람들

실리콘밸리의 살아 있는 전설들, 마크 저커버그나 일론 머스크가 이끈 성공에는 실패에 관대한 분위기도 크게 작용한다. 실리콘밸리에서 가장 영향력 있는 엑셀러레이터인 와이콤비네이터가 스스로를 '실패의 수도'라고 칭할 정도로, 실리콘밸리는 실패자들을 포용한다. 창업자들이 자신의 실패담을 공유하고 서로에게 조언을 하는 일명 '실패 모임'도 열린다. 이와 같이 실리콘밸리에선 실패를 성공의 발판으로 삼으려는 될성부른 기업가에게 지지와 성원이 쏟아진다.

이에 반해 대한민국에는 실패를 두려워하는 분위기가 만연해 있다. 우리의 학창 시절은 정답을 찾아내는 경쟁의 연속이었다. 선다형 평가를 기반으로 한 우리 교육체계에서는 누가 답을 빨리 그리고 정확히 찾는가에만 초점이 맞춰져 있다. 그렇기 때문에 정답을 찾아내는 공부에만 익숙한 학생들은 정답 밖으로 나가는 위험이나 실패를 무릅쓰지 않는다. 그리고 사회에 나와서는 정답이 정해지지 않는 싸움에서 길을 잃고 만다. 공장에서 찍어낸 듯한 학점, 토익 점수와 수많은 자격증의 천편일률적인 스펙은 더 이상 해결책이 되지 못한다.

아이들은 실패를 배우며 자란다

자녀 교육법에 대한 책이 서점에 넘쳐나는 오늘날, 궁극적으로 우리가 원하는 것은 아이가 행복하게 자라는 것이다. 아이들이 사회에 나가 실패를 경험했을 때 이를 잘 극복하고 그러한 경험을 발판 삼아 더 도약할 수 있도록 만들어주는 것은 행복한 삶의 기초가 된다.

어린아이들은 자기 뜻대로 되지 않거나 본인이 불리한 상황에서는 재미없다며 놀이를 멈추곤 한다. 본능적으로 실패를 두려워하는 것이다. 하지만 누구든 성장하며 수많은 실패를 경험하게 마련이다. 모든 일이 자신의 뜻대로 되지는 않는다는 것도 견디고 받아들여야 한다. 그러나 많은 부모가 아이들이 다치지 않을까, 힘들지 않을까 노심초사하면서 아이들의 손발이 되어 많은 것을 대신 해준다. 그리고 그 과정에서 반드시 경험해야 할 수많은 실패의 과정을 차단하고 있는지도 모른다. 이렇게 길러진 온실 속 화초 같은 아이들은 추위와 바람을 이겨낼 힘을 키우지 못했기에 온실 밖에서는 어려움에 더욱 쉽게 무너진다.

그렇다면 부모는 기꺼이 실패할 자세를 가진 아이들을 만들기 위해 무엇을 할 수 있을까?

첫째, 칭찬에 인색하지 말자.

아이들은 어린 시절에 받는 크고 작은 칭찬을 통해 자신감을 얻고 자존감을 향상시키게 되기 때문에 어떠한 칭찬도 과하지 않다. 그러나 "우와, 우리 딸 정말 똑똑하구나"와 같이 아이의 특성에 대한 칭찬을 하는 것은 주의해야 한다. 이러한 칭찬이 이어지다 보면 다음번에 같은 과제에서 실패를 겪었을 때, 아이들은 "난 똑똑하지 않구나"라고 본인의 능력에 한계를 그어버리고 만다. 따라서 칭찬을 할 때에도 특성 그 자체나 결과물에 대한 것보다는 과정과 도전하는 그 자체의 중요성을 강조해야 한다. 아이가 수학 시험에서 바라던 결과를 얻지 못했을 때에도, 100미터 달리기에서 꼴찌를 했을 때에도 "힘들었을 텐데 끝까지 해냈구나! 대단한데? 다음에 또 도전해보자"와 같이 도전했다는 그 자체가 중요하다는 칭찬이 필요하다.

둘째, 실패를 경험했을 때 이를 그대로 받아들일 수 있도록 하자.

어린 자녀가 실패로 괴로워하는 모습을 느긋한 심정으로 바라보기는 쉽지 않다. 자신감이 부족한 아이로 자라면 어떡하나 싶기도 하고, 안타까워 도와주고 싶은 마음에 아이의 상황에 개입하고 만다. 그러나 이러한 부모의 행동은 아이가 스스로 문제를 해결하지 못하고 타인에게 의존하게 하며, 나아가 감정을 주체하지 못하게 만든다. 실패를 받아들이고 그로 인한 감정까지 해결할 수 있도록 기다려주는 것이 앞으로 아이의 삶에서 맞닥뜨릴 다양한 일들에 제대로 대처할 수 있도록 돕는 길이다.

셋째, 아이들의 실패에 대해 실망하고 꾸중하거나 비난하는 것은 금물이다. 아이들이 어릴수록 부모의 반응은 아이의 자아 개념 형성에 큰 역할을 한다. 따라서 이러한 부모의 반응은 아이에게 죄책감을 안겨주고, 실패에 대한 부정적인 인식을 갖게 한다. "많이 속상했겠구나"라고 아이가 느낄 감정을 언급하며 있는 그대로 받아주는 것이 좋다. 그래야만 아이가 실패와 비난 또는 질책을 연결하는 고리를 형성하지 않을 수 있다.

실패는 자연스러운 삶의 일부다

실리콘밸리의 신기술과 인재의 원천으로 불리는 스탠퍼드 대학의 기업가정신센터 티나 실리그 이사는 실리콘밸리에서 실패는 혁신을 이루는 과정의 자연스러운 일부라면서, 실패를 겪어왔다는 것은 끊임없이 노력해왔다는 방증이기도 하다고 이야기한다. 아이들이 실패에 대한 불안감과 낮은 자신감으로 도전을 두려워하지 않도록, 즉 '회복탄력성'을 지닐 수 있는 시각을 가정에서 길러주어야만 아이들을 성공적인 삶으로 이끌 수 있다.

글로벌 교육의 추세, IB

대한민국 교육의 과거, 현재, 미래

2019년 기준으로 대한민국의 교육은 통계상으로는 세계 최고의 수치를 보여준다. 중학교까지 실시되는 의무교육과 99%의 졸업률, 80% 이상의 대학 진학률, 교사진의 수준과 학교 시설 등도 크게 뒤떨어지지 않는다고 할 수 있다. 그러나 현실을 들여다보면 어떨까.

세계 1위의 학습 시간으로 학생들은 심신이 지쳐 있고, 공부는 지겹고, 학교생활에서 의미를 찾지 못하고 있으며 한쪽에서는 학교 폭력마저 점점 심각해지고 있다. 초중고 교사들은 선행학습에 지쳐 있는 학생들을 학교에서 효율적으로 지도하기가 너무 힘들며, 이와 함께 행정적 잡무도 너무 많다고 호소한다. 대학교수들은 문해력 등

학생들의 수준이 점점 하락하고 있으며, 전공 공부에는 무관심하고 오로지 취직에만 열을 올리고 있다고 쓴소리를 한다. 대학생들 역시 열심히 공부하고 노력해도 취직을 하기 어렵다. 이처럼 높은 대학 진학률에도 불구하고 여러 가지 문제를 안고 있는 것이 지금 우리의 교육 현실이다.

높은 교육열의 양날

"한국의 경제발전은 전례가 없는 성과이고 교육이야말로 경제발전의 연료 역할을 했다는 데 의심의 여지가 없다."

– 제프리 삭스(미국 컬럼비아 대학 교수)

제프리 삭스가 2015년 세계 교육포럼에서 말했듯, 현재 대한민국을 만든 것이 높은 교육열이라는 것은 누구도 부인할 수 없다. 그러나 동전의 양면처럼 그 강력했던 교육의 힘이 이제는 오히려 사회를 병들게 하고 수축시키고 있는 상황이다. 시대를 주도해야 하는 교육이, 변해가고 있는 시대의 추이를 따라가지 못하고 뒤처지는 데에서 비롯된 현상일 것이다.

우리가 지금까지 해온 교육이 모두 잘못되었다고 비판할 필요는 없다. 그러나 4차 산업혁명 시대의 시작과 함께 이제는 우리 교육의 한계점을 명확히 확인하고, 근본적인 교육 혁신을 일으켜야 할 때다.

전 세계 교육의 추세가 된 IB의 저력은?

IB는 1968년 비영리 교육재단인 국제 바칼로레아 기구(국제학력인증기구)에서 개발하여 운영하고 있는 국제 표준 교육과정을 의미한다. 스위스에 본부를 두고 있으며 아시아의 본부는 싱가포르에 위치해 있다(IBO 홈페이지 : www.ibo.org).

이제 50주년을 갓 넘긴 IB 교육과정은 전 세계적으로 도입하지 않은 나라가 훨씬 적을 정도이다. 2019년 기준으로 전 세계 159개국 5,217개의 학교에서 IB가 시행 중이다. 국내에서는 경기외국어고등학교를 포함하여 국제학교와 외국인학교 등에서 시행하고 있다. 또 대구와 제주 교육청은 IB와 MOU를 체결하고 한국어 IB 도입 작업을 시작해서 진행 중이다. 이렇게 단기간에 전 세계적으로 퍼지게 된 IB의 저력은 무엇일까?

IB 교육의 매력

IB의 사명문을 보면 타 문화에 대한 이해와 존중을 통해 평화로운 세계 형성에 기여할 수 있는, 지적 탐구심이 많고 총명하며 사려 깊은 학생들을 양성하는 것이 목표라고 되어 있다. IB 프로그램은 초등교과과정 PYP(Primary Years Program, 3~12세), 중등교과과정 MYP(Middle Years Program, 11~16세), 고등교과과정 DP(Diploma Program, 16~19세) 그리고 직업계 고등교과과정 CP(Career Program, 16~19세)로 구분되어 있다. 각 프로그램의 목적은 학생들의 전인적 행복, 책임 있는 행동, 세계에 대한 이해와 참여, 미래에 대한 준비 및 국제적 마인드를 배양하는 것이다.

IB를 대학 입시 준비 프로그램으로 보고 무엇보다 평가제도에 초점을 맞추고 이해하는 사람들도 있지만, IB 교육은 그 이상을 포함하는 교육과정이다. IB 교육과정은 전체 교육 콘텐츠를 계통적으로 배열하고 있는 세로축과, 내용적인 깊이와 넓이를 지정하고 있는 가로축의 프레임으로 구성된다.

초등교과과정인 PYP는 학습을 위해 구조화된 탐구를 수행하는 것을 기본으로 하여, 필요한 핵심 요소(지식, 개념, 기능, 태도, 행동)를 갖추고 있으며, 학교가 속한 지역 및 국가의 교육과정에 학습자들을 적극적으로 참여시키고, 적절하고 도전적이며 유의미한 학습으로 만드는 것을 강조하고 있다. 교과목으로는 언어, 사회, 수학, 과학, 예술, 체육이 있지만, 6개의 초학문적 주제를 중심으로 교과 영역을 넘어서 지역이나 국제적 쟁점들까지 배울 수 있도록 하고 있다.

중등교과과정인 MYP는 학생들의 지적 도전에 중점을 두고 실제 세계와 연결된 학습을 통해 미래를 준비할 수 있도록 한다. 핵심개념과 8개 과목별 관련 개념 위주로 글로벌한 맥락에서 수업을 진행하도록 한다. 언어 습득, 언어와 문학, 개인과 사회, 과학, 수학, 예술, 체육, 디자인으로 과목이 나뉜다. 중등교과과정에서는 통합교육을 강조하고 있어, 일정 단원 이상은 두서너 과목이 융합된 내용을 학습하게 된다.

마지막 단계로 고등교과과정인 DP는 6개의 교과목군별로 단계적으로 구성되어 있다. 이렇게 잘 짜인 교육과정의 결합은 학생들을 창의적으로 사고하게 만들고 행동으로 실천하는 인간으로 성장시키며 평생학습자의 자세를 지닌 사람으로 자라게 한다. 글로벌 스탠더드 교육과정을 제공함으로써 글로벌 마인드를 키우는 IB의 특화된 교육과정이라고 할 수 있다.

초학력 시대의 도래

4차 산업혁명 시대에는 어떤 교육이 필요한가? 우리의 자녀가 성인이 되어 살아갈 시대에는 인간에게 어떤 능력을 요구할까? 이제는 여기에 대답할 수 있는 지극히 미래지향적인 교육이 요구되는 시점이다.

엄청난 속도로 변해가는 사회와, 개인의 영향력과 그 파급 효과까지도 눈 깜짝할 사이에 전 세계로 퍼져나가는 지금과 같은 시대에는 창의성과 혁신적인 사고 역량이 강조될 수밖에 없다. 그런데 이러한 역량들은 지금과 같이 수동적이며 단순히 지식을 주입하는 우리의 교육으로는 절대 길러질 수 없는 것이다. 따라서 능동적인 학습을 통해 시대가 요구하고 있는 혁신적이고 주도적인 창의성을 발휘할 수 있는 IB 교육으로의 전환이야말로 현재 글로벌 교육의 추세라 할 수 있다.

일본 문부성은 IB 교육을 왜 들여왔을까?

일본의 '잃어버린 20년'

'잃어버린 20년'이란 1991년 이래로 일본의 금융·부동산 버블이 붕괴된 후 계속된 일본 경제의 장기불황을 일컫는다. 경제성장의 주된 원동력이었던 제조업의 위축과 경제성장률의 저하에 큰 영향을 미치는 저조한 출산율, 빠른 고령화 등은 이 길고 심각한 경제위기에서 회복하는 것을 더욱 어렵게 했다. 익숙한 이야기 같지 않은가? 이는 일본의 문제만이 아니다.

일본의 경제구조를 닮은 한국은 소위 20년의 시차를 두고 일본의 발자취를 따라갔다. 현재 우리 경제는 20년 전의 일본과 많이 닮아 있다. 지난 2017년 1월 국제통화기금(IMF)은 〈한국이 직면한 도전, 일본의 경험으로부터 교훈〉이라는 보고서를 발표했다. 그리고 저출산 고령화, 잠재성장률의 하락 등 대한민국의 경제 상황이 20년 전 일본과 비슷하다며 일본을 반면교사로 삼지 않으면 한국도 일본처럼 '잃어버린 20년'에 접어들지 모른다고 경고했다.

한국이 일본과 같은 실패의 궤적을 그대로 따라가는 이유는 뭘까? 그 근본적인 이유에는 교육이 자리하고 있다. 일본의 식민지 교육으로 한국의 근대 교육은 일본 교육과 닮은 모습을 가지게 되었다. 한국과 일본의 교육 모두 주입식·문제풀이식 학습과 객관식 평가 그리고 관료주의에 기반을 둔다는 점에서 일치한다. 그런데 이러한 교육은 창의·혁신·도전과는 거리가 먼, 4차 산업혁명의 시대에 맞지 않는 천편일률적인 학생들만을 쏟아내며 국가 성장의 발목을 잡는다.

이러한 시점에서 일본은 아시아 최초로 IB DP를 일반 고등학교에 도입하기 시작했다. "잃어버린 20년은 공교육의 경쟁력 상실에서 시작되었다"라는 값비싼 깨달음을 얻은 일본이 우리나라의 교육부에 해당하는 문부과학성(이하 문부성)의 주도로 IB 교육과정을 들여옴으로써 본격적인 교육 혁명을 이끌어내려 하는 것이다. 글로벌화, 정보화, 기술혁신 등의 미래 사회 변화에 대응하여 정부 차원에서 학생들이 가져야 할 다양한 자질과 능력을 키울 수 있도록 앞장서는 모습에서 '잃어버린 20년'의 굴레에서 벗어나 기필코 경제성장을 이루겠다는 일본의 의지가 돋보인다.

일본어 IB 도입 과정

일본에서는 여느 나라와 마찬가지로 국제학교에서 처음 IB를 도입하였다. 1979년 도쿄에 위치한 세인트메리 국제학교에서 IB DP를 처음 도입한 이래 2013년도부터는 국제학력인증기구(IBO)와의 협의를 통해 일본어로 된 DP의 개발·도입을 추진하였고, 2015년 4월부터 이를 일부 학교에서 시행하였다.

도입 이후 IB를 운영하는 학교는 2013년과 2014년을 기점으로 27개 교로 대폭 늘어났고 2018년 3월이 되어서는 55개 교로 약 2배나 증가했는데, 이와 같이 IB 인증학교가 급속도로 늘어난 것은 무엇보다 일본 정부의 적극적인 정책 추진 및 보급에 힘입은 것이었다. 일본어를 사용하는 IB 교육이 가능하게 된 것도 큰 역할을 했는데 일본어 DP를 도입한 학교는 2017년에는 8개, 2019년에는 34개로 약 4배가량 증가했다. 일본 정부는 IB 인증학교 확충을 정책적으로 뒷받침하기 위한 다양한 시스템을 구축했으며, 이는 일본의 IB 운영 확대에 커다란 기여를 하고 있다. 이 중 주목할 만한 3가지를 소개한다.

문부성의 적극적인 지원

첫 번째로는 2013년 5월 IB에 관심을 가진 학교들이 모여 설립한 IB·이중언어·고등교육과정 연락협의회(国際バカロレア·デュアルランゲージ·ディプロマ連絡協議会)라는 단체를 들 수 있다. 자국 내 IB 도입을 위한 정보의 공유 등을 주요 목적으로 한 이 단체는 2018년 10월을

기준으로 76개의 학교 및 기관이 구성원으로, 26개의 교육위원회가 참관인의 형태로 참여하고 있다. 연락협의회는 일본 정부의 IB 인증학교 확충 정책 동향을 기반으로 문부성 및 국제학력인증기구와 협력하며 일본어 DP 등에 관심을 가지고 있는 고등학교, 중학교 등 유관기관 사이의 연계 및 협력을 도모하는 활동을 한다.

자국 내 입시제도와의 연계

두 번째는 IB를 운영하는 학교가 대폭 늘어남과 함께 일본 정부가 IB 교육과정과 자국 내 대학 입시를 본격적으로 연계하기 시작한 것이다. 이를 통해 IB 자격 및 성적을 활용하는 대학의 수가 2016년 15개에서 2019년 313개로 몇 년 사이에 약 20배 이상으로 급속하게 늘어났다. 일본 국외와 비교하였을 때는 아직 그 수가 적고 IB 학위증 소유자들이 대부분 귀국 학생이나 유학생에 한정되어 있다는 문제점이 여전히 존재하지만, IB 학위증 소유를 지원 자격 조건으로 두고 IB 성적에 면접 및 논술시험 등을 추가로 시행하여 대학 입시에 적극 활용하고 있다.

IB 교원 양성 정책

세 번째로 일본 정부는 IB를 본격적으로 도입했을 때 이에 대응이 가능한 교원의 양성 및 확보를 위한 정책을 보급해왔다.

일본 내 IB 관련 자격증은 특별자격증과 양성과정 이수에 의한 자격증의 2가지가 있다. 특별자격증이란 2014년 문부성의 지침에 따라 '교원 자격증을 가지고 있지는 않으나 우수한 지식 경험 등을 지니고 있는 사회인 등을 교원으로 영입함으로써 학교 교육의 다양화에 대한 대응 및 그 활성화를 도모하기 위해 수여할 수 있는 자격증'을 의미한다. 이 특별자격증의 수여와 관련한 심사기준은 우리나라로 치면 각 지역 교육청인 각 도도부현 교육위원회에서 정하게 되어 있는데, 교원을 검증하는 데 후보자의 자질 확인, 임명인 또는 고용인의 추천에 의한 학교 교육의 효과적 실시, 후보자의 자질에 대한 제3자 평가를 통해 확인하도록 되어 있다.

이 외에 대학 차원의 IB 교원 양성과정 또한 적극적으로 촉진하고 있다. 2014년 타마가와대학 대학원에서 IB 교원 양성과정이 처음 개설된 이후로 여러 대학에서 이 과정이 추가로 개설되어 일본 내의 IB 교원 양성이 확대되는 추세다.

IB를 통한 일본 교육 혁신

정부 차원의 IB 도입을 통한 일본 정부의 궁극적인 목적은 IB 인증학교의 양적 확산이 아니라 국가 공교육 제도의 본질적인 개혁이다.

일본 내 IB 인증학교의 확충은 사고력과 판단력, 의사소통 능력과 같은 인간적인 능력이 더욱 중요시될 다가오는 미래에 IB야말로 일본 정부가 추진하는 교육정책의 방향과 밀접하게 관련이 있다는 것을 나타낸다.

또한 일본은 한국의 수학능력시험에 해당하는 대입센터 시험을 폐지하고 2020학년도부터 새로운 대입 시험을 도입한다. 문부성은 지식, 사고력, 타인과의 협업 능력을 다각적으로 평가하는 이 새로운 대입 시험에 80자에서 120자 이내 분량의 논술형 문제를 부분적으로 출제하고, 점차 이를 확대할 예정이라고 발표했다.

이와 같이 국가 발전의 걸림돌이었던 공교육 평가 혁명을 시도하는 일본의 현 상황에서 IB는 일본 교육의 혁신을 이끄는 원동력이 되고 있다.

2장

IB는 교육 혁신이다!

IB와 바칼로레아의 본질

IB 교육은 어떻게 시작되었는가?

IB 교육을 귀족 교육이라고 오해하고 있는 사람들이 많다. IB가 초창기에는 대부분 국제학교에 도입되었기 때문일 것이다.

IB는 1920년대 무렵 스위스 제네바에 있는 국제학교에서 국제공인교육과정의 필요성이 부각되면서 시작되었다. 당시 국제학교에 재학하고 있던 학생들이 자국으로 돌아가 대학 입시를 준비해야 하는 문제를 해결해주기 위한 것이었다. 당시에 영국의 일반교육수료자격시험(GCE), 프랑스의 바칼로레아(Baccalaureate), 미국의 대학과목선수이수제(Advanced Program), 스위스의 수료자격시험(Matura), 독일의 아비투어(Abitur) 등을 각각 효율적으로 준비해주기에는 제한

된 교사의 수와 역량으로는 역부족이었다. 이런 문제를 해결하고자 국제학교의 교육 관계자들은 공통의 국제 중등교육 수료시험의 필요성을 제기했던 것이다.

다양한 배경이 접합된 IB 교육

국제학력인증기구의 초대 대표를 역임한 알렉 피터슨은 위에서 열거한 유럽 각국의 중등교육 수료자격 제도를 연구한 후 폭넓고 종합적인 과목들의 학습이 가장 이상적인 중등교육이라고 결론내렸다. 그 이후 1960년대 유네스코에서는 국제사회에 대한 이해 교육의 필요성으로 국제공통교육과정에 주목하기 시작했고, 이와 더불어 국제공인시험에 대한 논의가 시작되었다.

이후 제네바 국제학교 관계자들에 의해 국제학교시험 법인이 설립되었고, 다양한 국가의 교육기관 및 장학관, 대학교수, 중등교육 교사 등 교육자들이 연관되어 국제표준화시험 프로젝트를 추진했다. 그 후 추진된 IB 교육과정의 기저에는 학생들에게 단편적인 지식을 제공하기보다는 균형 잡힌 교육을 통해 지식을 활용할 수 있는 방법을 가르치자는 취지가 있었다.

IB 교육과정의 지속적인 개혁

1960년대에 본격적으로 시작된 IB 교육과정은 지속적으로 연구와 개혁을 통해 수정되고 보완을 거듭해오고 있다. 프랑스의 바칼로레아에서는 철학을 필수 과목으로 채택하고 있었고, 이를 기반으로 하여 IB에도 지식론을 포함시키게 되었다.

지식론 과정은 서로 다른 학문 분야별 지식 간의 관련성을 탐구하는 계기를 제시하며, 탐구의 시작은 자신의 경험을 바탕으로 비판적인 성찰을 하여 최종적으로 통합교과목을 학습하는 데 있다. 이 과정은 역사적인 주제에 대한 연구, 과학 및 사회현상과 관련하여 실험적인 분석, 수학적인 논리적 사고의 전개 등 서로 다른 사고방식을 시도하므로 어떤 교과목의 학습에서도 모든 학생에게 심화 수준의 학습을 가능하게 하려는 의도가 있었다. 이와 함께 학생들의 균형적이고 전인적인 발달을 위해 신체활동과 사회활동 참여도 필수 과정으로 포함되었다.

지식론이 DP 학위 총점에 가산되는 방식은 1987년 시험에서 처음으로 적용되기 시작했고, CAS가 학위 취득 조건에 반영되기 시작한 것은 1990년대 초반이다. 전반적인 IB 평가는 각 학교에 일임하되 서로 다른 유형의 평가도 함께 진행하여, 다양한 방법으로 학생의 역량을 평가할 수 있도록 평가제도를 확립하고자 했다. 그래서 여러 국가에서 실시하고 있는 다양한 평가제도를 도입해서 보완한 것이 IB의 평가제도로 자리 잡게 되었다.

대표적으로 IB 인문학에서 평가는 과제수업으로, 자연과학 교과목은 실험실에서 시험으로 진행되며, 기타 디자인 과목이나 핵심 과정 등에서는 자기성찰 보고서가 포함된 포트폴리오가 중요한 평가

자료로 활용되고 있다. 중등교과과정에 해당하는 MYP는 1994년에, 초등교과과정에 해당하는 PYP는 1997년에 제공되기 시작했다.

미국 교육에서의 IB

미국에서는 1993년 제정된 개정교육법에서 이중등록 프로그램 제도를 채택했다. AP(Advanced Placement)나 IB DP 프로그램은 고등교육에 해당하는 교과과정이지만, 개별 대학의 판단 아래 학점으로 인정되는 제도를 의미한다. 또한 미국의 일부 교육자들 사이에는 IB 교육이 재능 있는 영재 아이들을 위한 프로그램이라는 인식과 주장도 있었다. 1999년 미국 서부의 캘리포니아에서는 중등교육 이후의 데이터를 토대로 IB 교육과정이 미국의 AP보다 대학 진학 이후 더욱 높은 학업 성과를 낼 수 있다고 판단했다. 이후 캘리포니아의 몇몇 대학에서는 IB DP에서 심화 수준의 과목 성적에 대해 대학의 선행학점으로 인정해주기 시작했다.

2003년 미국의 《뉴스위크》지에서는 미국에서 실험정신이 강한 학교들의 순위를 발표했는데, 5개의 IB 학교가 상위에 포함되었고, 그중 3개는 공립학교였다. 당시 미국에는 113개에 달하는 IB 학교가 있었고, 여기에는 14%에 달하는 공립학교들도 포함되어 있었다. 현재도 단일 국가로서 가장 많은 DP 학교의 수를 가지고 있는 곳은 미국이다.

미국, 호주, 캐나다, 영국, 에콰도르 등은 2000년대 초반에 IB 교육을 도입하고자 정부에서 공적인 자금을 사용했다. 이후 2013년에 일본은 공교육에 IB 도입을 시도했고, 대한민국은 2019년부터 한국어 IB 도입을 위한 준비 작업을 시작했다.

세계는 하나의 교실

토머스 프리드먼의 《세계는 평평하다》라는 책의 출간 이후 세계는 다양한 분야에서 이 개념의 영향을 받기 시작했고, 교육 분야도 예외는 아니었다. 저자는 평평한 글로벌 세상에서 가장 중요한 역량은 '학습할 수 있는 능력을 키우는 것'이라고 주장한다. 우리가 맞이하게 된 2020년대의 글로벌 세계에서는 단순한 지식이나 기술을 교육시키는 것보다는 혁신이나 창의성을 갖춘 인재를 위한 교육이 필요하다. 그런데 이런 창조적인 인재들은 수동적인 학습을 통해서는 배출될 수 없으며, 능동적인 학습으로만 길러질 수 있다. 이것이 IB 교육과정이 세계적으로 주목받고 있는 가장 큰 이유다.

앞으로 4차 산업혁명 시대를 살아가야 할 당신의 자녀에게 무엇을 무기로 준비해줄 수 있을까?

IB에서 발표한 2019년 자료를 기준으로 하면 현재 153개국 5,000여 개의 학교에서 IB 교육과정을 채택하고 있다고 한다. 전 세계 190여 개의 UN 가입국 중 80% 이상의 나라에서 IB를 도입한 교육이 진행되고 있으니, 그야말로 지금 이 시대가 가장 주목하고 있는 교육과정이라는 것을 알 수 있다.

IB의 발자취를 살펴보면 그 시작점은 100여 년 전으로 거슬러 올라간다. 세계 각국의 교육 관계자들이 오랜 시간에 걸쳐 연구하고 개혁한 결과가 오늘날 IB의 전 교육과정이라고 할 수 있다. 또 지금도 몇 년마다 시대의 변화에 맞도록 지속적으로 교육과정을 개정하고 있다. 이런 IB 교육은 일선에서 학생들을 교육하고 있는 많은 교사들은 물론 세계 각국의 교육 연구자, 국제기관 및 교육재단 그리고 다양한 분야의 서포터들의 노력이 함께 이루어진 것이며, 그 결과 글로벌 시대가 요구하고 있는 인재를 양성해낼 수 있는 이상적이고 집합체적인 교육관을 보여준다고 할 수 있다.

앞으로는 4차 산업혁명 시대에 따른 새로운 산업 지도들이 그려질 것이고, 지금도 그동안 상상하지 못했던 새로운 길들이 예상하지 못했던 모습으로 생겨나고 있다. 그러므로 이제는 개개인이 각자 자신이 걸어가야 할 길을 만들면서 가야 하는 시대라고도 할 수 있다. 이러한 시대에 IB 교육이야말로 혁신적인 사고력과 창조적인 역량을 발휘할 수 있는 글로벌한 인재 양성을 위해 꼭 필요한 교육임을 다시 한 번 확인할 수 있다.

비판적·창의적인 사고력을 기른다

스웨덴의 '잉여 인간 실험'

2019년 3월, 스웨덴의 정년 없는 일자리 구인 실험이 세상의 이목을 끌었다. 월급은 260여 만 원, 아무런 일을 하지 않아도, 정반대로 무슨 일이든 해도 된다. 책을 읽든, 휴대폰 게임을 하든, 잠을 자든 상관없다.

단 하나의 조건은 출근을 해서 사무실 스위치를 올려 승강장의 형광등이 깜박이도록 하는 것으로 자신의 출근 사실을 알리면 된다는 것이다. 그리고 저녁이 되면 사무실 스위치를 내려 다시 한 번 승강장의 형광등을 깜빡이게 한 뒤 퇴근하면 된다.

다소 황당해 보이는 이 프로젝트는 인공지능과 자동화로 인간의 노동이 위협받는 가까운 미래를 대비한 '잉여 인간 실험'이었다. 기계로 노동이 대체된 후 잉여 인간이 된 인간들은 앞으로 어떻게 될까? 그리고 인간은 무엇을 할 수 있을까? 이제는 이러한 물음에 대한 대답을 준비해야 하는 시기다.

4차 산업혁명이 던져주는 화두

세계경제포럼은 2016년 1월 열린 다보스포럼에서 4차 산업혁명을 화두로 제시하면서, 미래 시대가 '디지털 혁명에 기반하여 물리적 공간, 디지털적 공간 및 생물학적 공간의 경계가 희석되는 기술융합의 시대'가 될 것임을 밝혔다. 미래학자들은 이와 관련해 인공지능이 발달하면서 많은 일자리가 사라진다는 전망을 내놓기도 했다. 그러나 일자리가 사라지는 시대에도 창의력과 감정에 기반한 업무는 기계가 대신할 수 없다는 데에는 모든 이들이 동의하고 있다.

이런 예측은 우리나라를 비롯한 전 세계가 미래에 살아갈 아이들에게 어떤 교육을 제공할 것인지에 대한 확고한 지침과 방향을 알려준다. 그렇다면 현재 대한민국에서는 21세기에 가장 중요한 능력이 될 이런 비판적 사고와 창의성 교육을 어떻게 하고 있을까? 교육 현장에서 이런 배움은 어떻게 이루어지고 있을까?

진화하지 못하는 대한민국의 교육

이미 20년 전인 2001년, 유명한 미래학자 앨빈 토플러는 한국의 학교가 예전 산업 체제 시대에 맞춰진 교육 시스템을 여전히 고수하고 있다고 지적했다. 문제해결 능력이나 비판적 사고 등을 강조하는 교육이 이루어지는 이 시대에 발맞춰 우리나라 또한 2015 개정 교육과정에 이를 반영했다. 그러나 여전히 우리의 교육은 단기간에 효과를 내는 주입식 교육에서 벗어나지 못하고 있는 것이 뼈아픈 현실이다.

여전히 강의 위주의 교수법이 이루어지고, 문제집을 풀며 정답을 찾아가기 바쁜 교실에서 길러진 우리 아이들은 정답 바깥을 탐색하고 상상해보는 위험이나 실패를 무릅쓰지 않는다. 창의성 연구의 세계적 석학 로버트 루트번스타인 교수는 국내의 한 신문사와 가진 인터뷰에서 창의적 인재란 스스로 문제를 파악하고 해결해보려는 사람이라고 정의하면서, 대한민국의 학교는 '어떻게' 정답을 찾는지보다 '무엇을 외우라'라고 주입하는 데만 급급하여 학생들이 창의성을 키우기 어렵다고 지적했다.

창의적 사고를 키우는 IB 교육

IB는 학생 스스로 지식을 습득하도록 유도하고 토론과 발표 등을 통한 의사소통과 협업을 토대로 창의력을 키우는 교육방식이다. 다양한 질의응답을 통해 창의성을 발휘한 대답을 도출해내고, 시험 점수보다는 수업 활동 자체를 평가해 문제해결 능력을 키우는 데 초점을 맞춘 수업이다.

예를 들어 프로젝트를 중심으로 진행되는 디자인 수업 시간을 살펴보자. 프로젝트의 주제는 생체모방(Biomimicry)을 활용하여 기후변화의 위협에 대응할 수 있는 혁신적인 제품이나 서비스, 혹은 시스템을 구축하는 것이다.

프로젝트 중심의 디자인 수업

이 프로젝트를 진행하기 위해서 학생들은 자연을 관찰하거나 자연과 관련한 다양한 자료를 조사하는 것으로 시작하게 된다. 디자인 수업 시간에는 하나의 주제로 수업이 진행되지만, 학생들은 저마다 다른 주제를 선정해서 프로젝트의 진행 과정을 단계마다 정리해가면서 프로젝트 포트폴리오를 만들고, 도움이 필요한 부분들에 대해 교사의 조언을 받게 된다.

프로젝트를 진행하면서 학생들은 예상하지 못한 난관이나 실패를 경험할 수도 있지만, 재시도를 하거나 또 다른 도전을 감행하며 다양한 지식을 배울 수 있다. 각자의 포트폴리오가 완성되면 발표를 하면서 서로의 작업에 대해 진지한 비판과 토론도 활발하게 진행한다.

만약 이런 프로젝트가 처음에 시작될 때 교사나 학부모의 의견에 따라 정해진 주제로 시작되었다면, 많은 학생들은 중도에 포기했을 수도 있을 것이다.

창의성 교육, 어디서 시작할 수 있을까?

가끔 창의성 훈련 학원의 간판을 볼 수 있다. 그런데 과연 창의성이 학원에서 배워서 습득할 수 있는 것일까? 학부모라면 진지하게 고민해봐야 할 것이다.

대한민국에서 자라나고 있는 많은 아이들에게 창의성이 부족한 이유로, 먼저 부모 세대의 과잉보호를 언급할 수 있다. 부모의 과잉보호는 자녀들의 두뇌 엔진을 저하시켜 자기 주도 학습을 어렵게 하고 창의성을 억제하게 되는 것이다. 즉 부모가 자녀의 두뇌를 돌리려 하지 말고 자녀 스스로 유의미한 행동이나 몰입의 기회를 가질 수 있도록 유도하고 기다려줄 수 있어야 한다.

가끔 공부가 재미있다고 말하는 학생들이 있다. 공부에 중독된 학생들은 어떻게 그럴 수 있는 것일까? 공부 중독이라는 것은 일종의 의미 중독이다. 인간이 의미를 만드는 과정은 기존에 자신이 알고 있던 개념과 새로운 경험 사이의 연결 고리를 찾아가는 것이며, 학생 스스로 이 욕구가 생긴다면 자기 주도적 학습이 가능하게 되는 것이다.

서울대의 교육 실험

'4차 산업혁명과 미래 인재 양성'을 주제로 2019년 11월 제주에서 열린 교육국제심포지엄에서 서울대 총장은 현재 진행 중인 서울대의 교육 실험을 언급했다. 교육 실험은 2007년에는 학생자율교육, 2009년 자유전공학부, 2015년 창의성 교육 그리고 2019년은 소통의 교육을 목표로 하고 있다. 이러한 목표 아래 학부생이 핵심 역량을 강화할 수 있는 디딤돌을 놓기 위해 신입생 세미나 창의와 연구, 융합주제 강좌, 학생자율 연구, 전공 프로그램 단계의 새로운 패러다임을 제시하고 있다고 한다. 서울대에서 제시하고 있는 융합주제 강좌의 목적은 세계시민형 인재 양성, 학문과 삶의 문제 통합 그리고 가치관과 인성 함양 교육이다. 이러한 강좌들의 교과목명은 인간학 개론학, 생명학, 행복학, 미래학 등이다.

4차 산업혁명 시대의 인재상

새로운 시대는 현 인류가 겪어보지 못한 문화적·기술적 다양성을 시작으로 급격한 인구감소, 빈부격차 심화, 산업과 고용 구조의 대대적 변화를 시작으로 복잡한 사회 현상들을 초래할 것이다. 그러므로 현재까지의 교육이 성장과 발달에 가치를 두었다면, 다가오는 시대의 교육은 지금까지 이루어온 성장에 대한 비판적 사고와 문제해결 능력을 바탕으로 지속 가능한 인류의 성장에 초점이 맞추어지고 있다.

서울대에서 진행하고 있는 교육 실험을 통해서도 알 수 있듯이 문화를 넘나드는 이해, 즉 다문화를 이해하고 타 문화를 수용하려는 글로벌 문화 의식과 해결 의지를 가지고 세계인과 유대감 형성을 가능하게 하는 세계시민 양성이 급선무다.

IB 초등교과과정을 통해 보는 교육의 의미

고액과외로 공부하는 대한민국 교육의 현주소

몇 년 전 〈SKY 캐슬〉이라는 드라마가 대한민국을 강타하며 큰 사회적 반향을 일으켰다. 대한민국 중상류층의 과도한 사교육 현실을 신랄하게 비판하고 풍자한 이 드라마를 보며 현실 사회의 민낯에 불쾌감마저 느껴졌다. 1화에는 서울의대에 합격했지만 부모의 집착으로 인해 "당신의 아들로 산 세월은 지옥이었다"라는 저주와 원망의 말로 가득한 일기장을 남기고 떠난 아들 그리고 이로 인해 자살한 어머니의 모습이 그려져 큰 충격을 주었다.

이런 일들이 꼭 드라마 속의 내용만은 아니다. 실제로 중학교 때까지는 학업 성적이 별로 좋지 않던 학생이 고등학교 3년 동안 한

달에 1,000만 원 정도의 과외비를 들이며 공부한 결과 SKY로 불리는 명문대에 입학해서, 모교의 자랑거리로 교문에 현수막까지 걸린 일이 있다고 한다. 그리고 이 이야기를 들은 다른 학부모들 역시 자신도 재정적인 능력이 된다면 자녀에게 고액과외를 시켜서라도 SKY 대학에 보내고 싶어 한다는 얘기도 들었다.

과정이 잘못된 교육은 그 결과가 올바를 수 없고, 진정한 교육일 수 없다는 것을 다시 한 번 상기해야 하는 시점이 아닐까. 그리고 이런 우리에게 IB가 어떤 교육적 대안을 제시해줄 수 있을지에 대해서도 심도 있는 고민이 필요할 것이다.

사교육 시장에 점령당한 아이들

한국 사회가 가지고 있는 교육계의 난제 중 하나는 과중한 사교육비 문제라고 해도 과언이 아닐 것이다. 정부가 바뀌면서 그동안 숱한 대책이 강구되었지만, 오히려 사교육이 늘어나는 부작용만 유발하는 결과를 낳았다.

2019년 3월 12일 교육부는 통계청과 함께 실시한 '2018년 초중고 사교육비 조사' 결과를 발표했다. 이 조사에서 초중고생 1인당 평균 사교육비는 월 29만 1,000원으로 역대 최고치를 갱신했으며, 전년보다 학생 수가 약 15만 명 가까이 줄었음에도 사교육 총액은 4.4% 증가했다.

교육부의 발표와는 다르게 실질적으로 한 자녀 가정에서 나가는 사교육비는 국어, 영어, 수학 등 주요 과목의 학원비만 하더라도 100만 원이 훌쩍 넘는 것이 현실이다. 게다가 학생부종합전형(학종)의 확대로 인해 학생부를 다채롭게 채우기 위한 예체능 사교육까지 지속적으로 증가하고 있는데, 예전부터 '있는 집 자식'의 전유물이었을 만큼 다른 일반 교과보다 비싼 예체능 사교육비는 부모의 등골을 휘게 한다.

점수 위주의 선발 방식에서 학생의 소질과 적성, 잠재력과 발전 가능성 등을 평가하겠다는 개혁 의지를 안은 학종이 금수저만 유리한 전형이라는 불명예스러운 타이틀을 얻은 채 사교육 시장에 잠식된 것은 참으로 안타까운 일이다.

IB 교육에서는 사교육을 시킬 수 없다!

IB 초등교과과정(PYP)은 학생들이 각 교실, 지역, 국가, 전 세계적 환경에서 탐구자(Inquiry based learning)로 성장할 수 있도록 구성된다. 국가별 시스템의 다양성과 전 세계의 독립된 학교들에서 이루어지는 교육 및 학습의 반복적 시행을 통해 글로벌한 다양성을 포함하는 통합교육과정으로, 저마다의 개별 텍스트가 개발되어 사용되고 있다. 이런 맥락에서 볼 때 선행학습 및 사교육이 불가능하다.

PYP는 학업적 발전과 함께 사회적, 신체적, 감정적, 문화적 필요를 아우르는 종합적이고 전인적 성장에 초점을 맞추고 있다. 또한 실제 학습자가 속한 세계와 관련된 상황을 학습 환경으로 이끌어내는 것이 가장 효과적이라고 생각하며, 학생 개개인의 경험과 배경의 다양성을 높이 평가하는 국제적 시각을 가질 수 있도록 교육하고 있다. 이런 IB 교육과정은 사교육으로 점철된 국내 교육 시장에 진정한 교육의 가치를 생각하게 하는 계기를 제공한다.

IB PYP에서는 무엇을 배울 수 있는가?

PYP의 6가지 초학문적 주제

학생들은 6개의 초학문적 주제를 바탕으로 언어, 수학, 과학, 사회, 예술, 인성·사회성 교육과 체육 과목 등을 학습하게 된다. 6개의 초학문적 주제는 다음과 같다.

- 우리는 누구인가
- 우리가 속한 공간과 시간
- 우리는 어떻게 자신을 표현하는가
- 세계는 어떻게 움직이는가
- 우리는 어떻게 자신을 구성하는가
- 우리 모두의 지구

이 중 언어 과목은 구어, 문어, 시각언어, 쓰기 언어의 4가지 분야로 나뉘어 수업이 진행된다.

PYP 언어 과목 중 시각언어 교육

시각언어 교육은 학생들이 자기 주변의 세계가 의미를 전달하는 시각언어로 가득 차 있음을 인식하고, 이를 해석·이해할 수 있도록 하는 것으로 시작된다. 다양한 시각언어를 식별, 해석, 이해하고 여러 유형의 시각언어가 각기 다른 목적을 위해 사용된다는 점을 이해하면 학생들은 점점 더 자신의 주변에서 볼 수 있는 시각언어에 관심을 갖게 된다.

이에 더하여 학습자들은 특정 목적을 위해 스스로의 시각언어를 창조하여 사용할 수 있다. 또한 시각언어 자원이 사실적인 정보를 제공하고 이해를 증진시킬 수 있다는 것을 인식하고 스토리텔링이나 프레젠테이션을 풍부하게 하는 시각언어의 다양한 사용을 알게 된다.

또, 정보에 접근하기 위해 다양한 시각언어 자원을 사용하는 것에 대해 개방적인 생각을 가지게 되며, 시각적 이미지를 사용하여 사실이나 정보를 제시하거나 이야기할 수 있고, 타인에게 영향을 주기 위해 시각언어를 사용하는 것에 대해 분명히 이해한다. 학생들은 점점 더 많은 시각언어 자원을 탐구하게 되는데, 자신의 학습 방식에 알맞은 전략을 선택하여 사용할 수 있게 된다. 그러므로 자신의 주변에 보이는 다양한 시각언어를 학습에 적극적으로 사용할 수 있게 되며, 학습에 흥미를 느끼게 된다.

대한민국 교육에서 잊혀진 인성 및 사회성 교육

PYP 인성교육의 일환으로 학생들은 자신의 신념, 가치관, 태도, 경험이 자아를 어떻게 형성하는지 이해하게 된다. 더 나아가 문화적 영향, 자신의 강점과 한계와 도전의 인식, 변화와 역경의 상황에 성공적으로 대처할 수 있는 능력들을 배운다. 또한 자아와 스스로의 가치에 대한 개념이 어떻게 학습에 영향을 미치는지 학습하며, 학문에 대한 접근 방식과 다른 사람들과의 상호작용에 대해 이해할 수 있게 된다.

수업시간을 통해 학생들은 자신이 다른 사람들과 어떻게 비슷하고 다른지에 대해 인식하게 되며, 또한 자신이 어떻게 성장하고 변화했는지 설명할 수 있고, 자신을 더 잘 이해하기 위해 본인의 경험을 성찰하는 기회를 가진다. 또 사람의 정체성을 형성하는 많은 요소들이 존재한다는 것을 알고 자신의 정체성을 구성하는 자질, 능력, 성격, 특징을 이해하며, 이에 더하여 감정적인 반응과 행동을 규제하기 위해 본인의 감정을 확인하고 이해할 수 있게 된다. 개인의 정체성이 다양한 요인에 의해 형성되며 이러한 정체성이 시간이 지남에 따라 변화·발전한다는 것을 배워, 역경을 극복하고 도전하기 위한 스스로의 전략을 탐구하고 성찰하는 것이다.

학생들은 새로운 상황에 자신감을 가지고 접근하는 데 도움이 되는 여러 전략을 탐구하고 적용하도록 배운다. 본인이 연결되어 있는 지역사회를 분석하고, 다른 사람들과 긍정적으로 상호작용하기 위해 자신의 감정을 이해한다. 이러한 수업을 통해 삶의 여러 단계에서 겪게 될 신체적 변화가 변화하는 정체성에 영향을 미친다는 것과 사회의 가치, 신념, 규범이 개인에게 영향을 미칠 수 있다는 것을 이해한다.

궁극적으로 학생들은 감정적으로 의식하는 것이 관계를 관리하는 데 도움이 된다는 것을 학습하고, 개인의 효율성이 사회와 개인의 행복에 어떻게 기여하는지 인식하며 글로벌 사회의 시민으로 성장하는 초석을 다질 수 있게 된다.

글로벌 스탠더드 교육 시스템과 글로벌 기준의 교사 역량 개발

IB의 교사 교육 프로그램(Professional development)

IB 교사 교육 프로그램은 IB 심벌이 가지고 있는 의미에 대한 토론으로 시작된다. IB 심벌에 겹쳐진 세 사람의 이미지에 대해 어떤 교사는 PYP, MYP, DP 학생들을 의미한다고 발표하기도 하고, 또 다른 교사는 학부모, 교사, 학생을 의미한다고 발표했다.

IB 교사 워크숍은 학생들의 수업 시간만큼이나 자유로운 분위기에서 활기를 띠고 진행된다. IB는 연간 계획을 가지고 과목별, 교육과정별로 교사 교육 프로그램을 진행한다.

IB의 로고(왼쪽)와 심벌(오른쪽)

교사 교육 프로그램 사례 1

교사 교육 프로그램은 주로 동일한 교과목을 가르치고 있는 다양한 국적의 교사들이 함께 모여 진행하게 된다. 두바이에서 불어를 가르치고 있던 교사는 캐나다에서 진행되는 워크숍에 참석하여 자신의 놀라운 경험담을 고백했다. 동일한 IB 교육 용어들을 사용하고 있는 교사들을 만나 워크숍이 진행되는 기간 동안 많은 교육적인 경험들을 나눌 수 있었고, 이후에도 지속적으로 서로를 격려할 수 있는 관계가 형성되었다는 것이다.

교사 교육 프로그램 사례 2

최근 온라인으로 진행된 도서관 사서 교사들의 교육 프로그램 주제는 '21세기의 학교 도서관은 어떤 모습일까? 오늘날의 도서관은 디지털 방식의 혁신적인 학습 공간으로, 이러한 환경에서 사서 교사의 역할은 무엇이며 어떻게 학생들에게 효율적인 지원을 제공할 수 있을까'에 대한 내용이었다.

이 프로그램에 참여했던 사서는 한 달 후 자신의 학교에서 온라인 리서치 세션을 열고 학생들을 교육했다. 이 시간을 통해 학생들은 자신에게 필요한 자료를 가장 효율적으로 찾아낼 수 있는 방법들을 식별할 수 있게 되었다. 또한 질문 기반 학습을 진행하고 있는 PYP 학생들을 위해 도서관의 공간을 재배치하는 등 실질적으로 도서관 환경을 개선한 것이 학교와 학생들에게 실질적인 도움을 전할 수 있어, 무엇보다 유익했다고 한다.

글로벌한 교사들의 자질과 역량

다양한 국적을 가진 교사들로 구성된 IB 교사들의 그룹은 그 자체로 글로벌한 세계를 보여준다. PYP와 MYP는 각 학교가 속한 지역 및 나라에 맞는 교육 내용으로 구성되지만, IB는 그들이 규정하고 있는 글로벌한 기준에 맞추어 교사들의 역량과 자질을 개발할 수 있도록 지속적으로 격려하고, 실질적으로 그러한 역량을 보유한 글로벌한 수준의 교사들을 보유하게 된다.

많은 교사들은 다양한 나라의 국제학교에서 교사 경력을 유지하고 있으며, 다양한 언어 및 문화권에 대한 높은 이해도를 가지고 있다. 그렇기에 학생들을 IB의 교육목표에 부합한 세계시민으로 양성할 수 있는 것이다.

다중언어를 지원하는 IB 교사

IB 교육은 처음에 세계 여러 나라를 거치며 성장하게 되는 외교관 자녀들에게 표준화된 교육과정을 지원하기 위해서 시작되었다. 그래서 다중언어를 지원하고 글로벌 스탠더드가 될 수 있는 교육 시스템을 개발하는 것이 목표의 출발점이었다. 따라서 영어 교육은 물론 다양한 외국어 학습을 권장하지만, 이와 함께 모국어 학습의 중요성도 간과하지 않는다.

다양한 국적의 IB 교사들은 기본 소통의 언어로 대부분 영어를 사용하고 있지만, 세계 도처에서 다양한 국적의 학생들과 소통하기 위해 효율적인 커뮤니케이터로 거듭나고 있다.

국제적 공신력을 지닌 IB 평가제도

DP에서 실시하는 내부 및 외부평가에 대해 살펴보자.

내부평가는 학생들이 2년에 걸쳐 학습하는 기간 중에 이루어지며 학생들의 프레젠테이션, 프로젝트 참여 및 완성, 수업 과정 중에 작성한 포트폴리오 등을 바탕으로 한다. 평가는 교과 담당교사가 진행하되 학교 외부로부터 공정성을 확보하는 장치까지 두고 있어 편파적인 채점을 최대한 차단하는 효과를 거둔다.

외부평가의 일환인 외부 시험은 고등교과과정(DP)의 마지막 학기에 실시된다. 학생들은 재학 중인 학교에서 시험을 치르며 평가는 전적으로 외부 전문기관을 통해 진행된다. 교과 총점은 6개 교과목마다 7점씩 부여하여 42점 그리고 지식론, 소논문, 비교과 활동 등을 종합한 3점을 합하여 총점은 45점이 된다. 학생들은 선택 이수한 6개 과목 시험에서 각 7점 만점에 4점 이상, 합계 24점 이상을 얻어야 국제학력인증기구의 고등교육 학위를 취득할 수 있다. 시험을 위한 자료들은 세계 공통으로 영어, 불어, 스페인어로 되어 있으며, 최근에 일본어가 추가되었다. 개별 과목만 이수하기를 원하는 학생은 수강 이후 시험에서 4점 이상을 취득하면 해당 과목의 수료증을 받을 수 있다.

성적에 대한 모든 학문적인 판단의 책임은 각 과목의 공인된 심사관에게 있으며 학구적인 성취 내용과 과정을 평가하고 다양한 학문 형태와 문화 양식을 고려하기 위해 다양한 평가방법들, 즉 구두 프레젠테이션 및 서술, 단답형, 자료제시형, 논술, 선다형 문제 등이 사용된다. 학과 시험은 북반구에서는 5월, 남반구에서는 11월에 진행되며 5월의 시험 결과는 7월에 발표된다. 이렇게 IB 본부에서 관리되는 평가제도 역시 글로벌 스탠더드에 부합하는 기준을 유지하며, 국제적인 공신력을 유지하고 있다.

온라인 DP 교육과정(Pamoja Education)

IB에서는 파모자(Pamoja)라는 공인 온라인 교육과정을 개발하여 제공하고, 학생들의 효율적인 학습지원을 위해 노력하고 있다. 이와 더불어 학생들과 교사에게 협력적이고 역동적인 온라인 학습 환경을 제공하고, 학생들이 학문적 잠재력을 발휘할 수 있도록 지원하는 혁신적인 방법을 지속적으로 개발하고 있다. 또한 수백 개의 학교와 협력하여 학생들에게 추가 과목을 선택할 기회를 제공하고 학생들의 시간표에 유연성을 부여하며, 보다 폭넓은 교육 경험을 제공하고, 학교를 옮기는 학생들의 학습도 전폭적으로 지원한다.

고등교과과정의 온라인 프로그램에 대해 더 알고 싶은 경우 파모자 웹 사이트(Pamojaeducation.com)를 방문하여 해당 과목과 관련된 내용을 찾을 수 있다.

IB 교육과정에서 교사의 역할

PYP에는 특정한 교과 내용이 없다

초등교과과정인 IB PYP에서 교사의 역할을 살펴보기 위해서는 PYP의 독특한 교과과정을 이해해야 한다. PYP는 탐구 기반 학습(Unit of Inquiry)으로 구성되어, 기존의 교과서를 중심으로 과목별로 지식을 전달하는 수업과는 차원이 다른 수업 방식을 채택하고 있다. 즉 통합적인 교과의 탐구 단원의 주제만을 제시할 뿐, 특정한 교과의 내용을 제시하고 있지는 않다. 개별 학교가 처한 지역과 학교의 특색을 살려 교사들의 역량 및 학생들의 탐구 내용으로 교과가 구성되도록 하는 것이다.

PYP의 6가지 탐구 주제

IB PYP에서 제시하고 있는 6개의 탐구 주제는 앞에서 언급했듯 '우리는 누구인가(Who we are), 우리가 속한 공간과 시간(Where we are in place and time), 우리는 어떻게 자신을 표현하는가(How we express ourselves), 세계는 어떻게 움직이는가(How the world works), 우리는 어떻게 자신을 구성하는가(How we organize ourselves), 우리 모두의 지구(Sharing the planet)'다. 이렇게 하나의 주제를 다양한 교과목의 관점에서 학습할 수 있도록 진행한다.

학생들은 이런 과정 속에서 PYP의 기본 요소인 지식, 개념, 기능, 태도, 행위의 측면에서 학습하도록 요구받게 된다. 이를 통해 스스로 궁금한 질문에 대해 생각하고, 적극적인 행위를 통한 탐구가 뒤따르는 살아 있는 지식을 얻게 되는 것이다.

이렇게 PYP 학습이 진행되는 동안 학생들은 교사와 함께 그들 나름의 교과서를 만들어가게 된다. 교사의 일방적인 지식 전달이 아닌, 교사와 학생이 양방향적으로 능동적인 학습을 진행하는 교과 과정임을 알 수 있다.

PYP 교실 교육의 사례

제주의 한 국제학교의 PYP 교실에서는 학생들이 자신이 살고 있는 지역에 대해 탐구하는 수업을 진행하며, 제주의 지역적 특성인 화산에 대해 다양한 방식으로 접근하며 배울 수 있었다고 한다. 화산 지형에 대해 그림으로도 표현해보고, 근처 지역을 방문해서 직접 화산 지형을 관찰하기도 하고, 시청각 자료를 활용하여 화산의 폭발에 대해 배우기도 했다. 교사와 학부모들은 이런 수업이 진행된 후에 학생들이 자신이 속한 지역사회에 더욱 깊은 애정을 가지게 되었고, 어떻게 하면 이 지형의 자연을 보존할 것인지에 대해서도 스스로 고민하는 학생들을 만나볼 수 있었다고 전했다.

PYP 교육에서 교사는 학생들이 핵심 개념을 이해할 수 있도록 도와주는 역할을 담당하며, 이렇게 교사들의 적극적인 도움을 받아 학생들은 스스로 자신만의 지식 체계를 넓혀갈 수 있게 된다.

MYP에서는 통합 학습을 한다

MYP의 가장 큰 특징은 통합적 학습이다. 각 교과목의 지식과 기능을 학생들에게 그저 전달하는 것이 아니라 서로 다른 교과목과 그 지식들의 기능에 학생들의 지식적 경험이 연결되는 학습을 제공하고자 한다. 이런 학습을 통해 학생들은 통합적인 사고력을 기르고 다양한 역량을 발휘해서 개인의 지적 성취감을 극대화할 수 있다.

이 교과과정에는 서로 다른 문화권 및 다양성에 대한 이해를 높이는 것도 포함된다. 타 문화권에 대한 효율적인 이해를 위해서 글로벌 마인드 및 커뮤니케이션 방법 등의 학습도 요구된다. 교사들은 이렇게 단순한 지식 및 기술 학습이 목표가 아니라, 개념을 기반으로 하고 있는 MYP 교과과정 속에서 국제적 가치를 공유할 수 있도록 학교별 교과과정을 개발해서 학생들을 이끌어야 한다.

PYP에서 6개의 탐구 주제를 제시하고 있듯이, MYP에서는 6가지 글로벌 맥락의 주제를 제공한다. 이 주제는 '정체성과 관계성, 시간과 공간의 본질, 개인적 표명과 문화적 표현, 과학과 기술의 혁신, 공평성과 발전, 세계화와 지속성'이다.

통합교과목의 구성을 바탕에 둔 MYP 과정은 학생들이 다양한 형태의 그룹 프로젝트 및 과제들을 수행할 수 있게 한다. 학생들은 이 과정에서 경쟁상대이기보다는 협력자로서, 서로가 가지고 있는 학습적인 장점을 나눌 수 있게 된다. 또한 교사들도 각자의 교과적 지식을 뛰어넘어 다른 교사들과 협업을 진행하며, 이러한 다양한 관점의 교류를 통해 글로벌한 관점의 학습효과가 시너지를 가져오게 된다.

DP에서는 교사의 역량에 따라 활동이 달라진다

DP 학위 취득을 위해서는 6개 과목의 이수뿐만 아니라 3개의 핵심과정(TOK, EE, CAS)을 수료해야만 한다. 이 3개의 핵심 과정은 교과목의 학습만으로는 학생들의 전인적 교육이 불가능하다는 취지에서 추가된 교육이다.

이 3개의 비교육과정은 각 학교와 교사들의 역량에 따라 그 활동에 미치는 영향이 달라질 수 있으며, 다양한 비교과 활동의 수행을 위해서는 학생과 교사 모두에게 상호적인 적극성이 필요하게 된다.

특히 학생들의 주도적 결정으로 진행하게 되는 소논문을 지도하거나 학생이 리더가 되어 진행하는 크고 작은 규모의 CAS 프로젝트들을 지도 감독할 때는, 교사들도 자신을 뛰어넘는 창의성이나 아이디어를 보여주는 학생들의 다양성을 만나게 되므로, 교사와 학생이 활동을 통해 서로에게 배우게 되는 양방향적인 교류가 활발하게 이루어진다. 또한 학생들의 역량을 최대한으로 이끌고 다양한 분야와 접목시켜 연결해주기 위해서 교사 역시 여러 과목군의 다른 교사들과 지속적인 협업을 통해 배우고 성장하는 평생학습자의 모습을 가지게 된다.

세계 순위권 대학에 입학하려면 IB 점수가 필수다!

글로벌 경쟁력이 부족한 국내 대학

불과 수십 년 전 세계 각국으로부터 각종 물자를 지원받던, 찢어지게 못 살던 나라 대한민국은 현재 국가경쟁력 13위(2019년 WEF 기준)를 차지할 만큼 선진국의 반열에 들어섰다. 또 교육 면에서도 대학 진학률 1위, 고등교육 이수율 2위를 차지하는 교육 강국이 되었다. 그런데 한편으로는 국제경영개발연구원(IMD)에서 시행한 대학 교육경쟁력 순위에서는 매번 하위권을 차지하고, 영국의 대학평가 기관인 QS(Quacquarelli Symonds)의 세계 대학 랭킹에서는 대한민국 최고의 명문대로 알려진 서울대조차 30위 안에 들지 못하고 있다. 대학 교육의 질에 대한 불신이 깊어지고, 학부모와 학생들은 해외

대학으로 눈길을 돌린 지도 오래다.

DP 학위증의 글로벌 공신력

IB DP 졸업생들은 매년 90여 개국 3,300개 이상의 고등교육기관에 성적을 제출한다. 기관별로 IB 졸업장과 IB DP 성적을 인정하는 정도는 매우 다양한데, 2019년을 기준으로 입시 전형에서 IB를 인정하는 대학은 전 세계의 2,000여 개 대학에 이른다. 심지어 공식적인 정책이 없는 대학에서도 종종 입시에서 IB DP 성적을 고려한다고 하니, 우리나라의 내신성적을 가지고 진학 가능한 외국 대학이 손에 꼽을 정도로 그 수가 적은 것을 생각했을 때 상당히 파격적이다.

또한 국제학력인증기구의 홈페이지에는 외국의 여러 국가나 세계 유수 대학들이 입시에서 IB를 어떻게 인정하며 반영하는지와 관련한 정보들을 구체적으로 제공하고 있다. 그중에서 대표적으로 일본과 영국 그리고 미국의 경우를 살펴보면서 실제로 IB가 대학 입시에서 어떻게 반영되고 있는지 알아보자(이와 관련한 구체적인 자료는 부록 참조).

일본 대입에 반영되고 있는 DP

일본에서는 최근에 IB 프로그램을 운영하는 학교들이 대폭 확충되면서, 이들 학교에서 취득한 성적을 활용하는 대학도 현재 기준

313개로 급속히 늘어나고 있다.

일본에서 IB와 대학 입시를 본격적으로 연계하기 시작한 것은 2013년 정부 차원에서 실시한 IB 인증학교 확충 정책 이후라고 할 수 있다. 일본 국외와 비교하면 아직 그 수가 현저히 적고, IB 졸업장 소유자들이 대부분 귀국생이나 유학생에 한정된 문제점이 있으나, IB 졸업장 소유자들을 지원 자격으로 두고 IB DP 성적에 면접 및 논술시험 등을 추가로 시행하여 IB DP를 대학 입시에 적극적으로 활용하고 있다.

영국 대입에 반영되고 있는 DP

영국의 거의 모든 대학은 대학 입시 정책에서 IB DP에 대해 매우 우호적인 입장을 취한다. 영국의 대학 입시는 영국 내에서뿐 아니라 전 세계의 많은 학생들이 응시하기 때문에 경쟁이 매우 치열하다. 예를 들어 케임브리지 대학이나 옥스퍼드 대학과 같은 명문대에 지원하는 IB 졸업생들은 심화반(Higher Level, HL)으로 선택한 과목들에서 각 6~7점씩 획득하여 총점 38~42점을 받아야 한다. 영국의 대학에는 대체로 전공별로 필수 이수 과목이 있는데, 예를 들어 경제학을 전공하고자 할 경우 심화반 수학을 반드시 이수해야 하며 컴퓨터 과학을 전공하려면 심화반 수학과 물리 과목의 이수가 필요하다. 따라서 영국 대학에 진학을 생각하는 학생들은 IB DP 이수과정에서 6개의 과목을 선택할 때 희망하는 대학과 전공별 필수 요구사항을 미리 확인하는 것이 좋다.

미국 대입에 반영되고 있는 DP

미국의 대입 선행제도인 AP와 마찬가지로 IB DP는 미국 대학 입시에 필수 요소는 아니다. 그러나 대학 선택에서 학생들의 입학 가능성을 증가시키는 것은 분명하다. 실제로 대부분의 미국 대학에서는 AP, SAT 점수와 더불어 IB DP 성적을 대입 전형에서 긍정적으로 고려하고 있다. 현재 IB DP를 인정하는 미국 대학은 공식적으로 1,000여 개에 달하며, 대입 전형뿐만 아니라 입학 후 학점 인증에 대해서도 일정한 기준을 세우는 추세다.

세계 최고의 명문대 중 하나인 하버드 대학에서는 입학생 중 IB DP 성적에서 최소 3개의 심화반 과목에서 7점을 받은 학생들에게 학점 인증을 가능케 하는 자격을 부여한다. 컬럼비아 대학에서는 학생들이 심화반 과목에서 6~7점을 맞으면 학부에서 제공되는 과목에 대하여 6학점씩, 최대 16학점을 부여한다. UC버클리에서는 30점 이상의 IB DP 성적을 획득한 학생들에게 총 20학점까지 부여하는 방침이 있으며 이는 다른 UC 계열의 학교에도 적용된다.

대한민국 대입에 반영되고 있는 DP

우리나라에서도 IB에 대한 인지도와 대학 입시 반영에 대한 관심이 점차 확산되고 있는 추세다. 현재 국내에서는 IB 도입에 대한 본격적인 논의가 전개되고 있으며 대입 전형에서도 중요한 화두가 되어가고 있다.

국내 명문대 12개 학교에서 IB DP를 이수한 학생들의 수시전형 입학 기록이 있다. 대한민국 최고의 명문대로 꼽히는 서울대학교는 2005년부터 IB를 연구하기 시작했고 일본, 영국, 미국처럼 구체적인 IB 대입 전형이 따로 있지는 않지만 수능 최저등급 요구만 없으면 현재 수시 전형으로 얼마든지 IB DP 졸업생들을 향한 입학의 문은 열려 있는 상태다. 카이스트의 경우 IB DP 졸업생들의 입학을 환영하며 연세대학교도 IB 졸업생들에게 한국 문화와 언어를 배경으로 갖춘 국제 학생들의 입학 전형인 글로벌 리더십 프로그램에 지원할 수 있는 자격을 준다(국내에서 IB를 인증받은 학교는 2020년 현재 13개다. 학교 목록은 부록 참조).

세계 유수의 대학에서 환영받는 IB DP 학위증

IB DP는 위에서 살펴본 영국, 미국, 일본 외에 홍콩 및 싱가포르를 포함하여 전 세계적으로 인증되고 있는 공통된 해외대학입학자격시험제도라고 할 수 있다. 특히 세계 유수의 명문대 입시를 준비하고 있다면 DP 학위증을 소지한 학생은 더욱 경쟁력을 가질 수 있다. 이미 세계적인 명문대학인 옥스퍼드, 케임브리지, 하버드, MIT, 컬럼비아 등에서 IB DP 졸업생들에게 더 높은 점수를 부여해 입학을 허락하고 있다.

세계적인 IB의 공신력은 학습자 중심의 교육과정 및 객관적인 평가제도에서 찾아볼 수 있다. IB는 전 세계의 DP 학생들이 동일한 기준으로 평가받을 수 있도록 글로벌 스탠더드 평가 기준을 가지고 있으며, 역시 지속적으로 교육과정을 개발하고 유지하고 있다. IB 교육과정은 전인교육을 지향하며, 독창적이고 창의적인 인재 발굴을 목표로 하고 있기에, 이를 이수한 인재들이 세계 어디에서나 환영받고 있는 실정이다.

대학 입학 후 진정한 학문을 공부할 수 있는 자질이 형성된다

진정한 1% 엘리트의 전문교육

현재 IB 중등교과과정이 진행되는 학교에서 고등학교 1학년에 해당하는 학생들은 1년 동안 개인 프로젝트를 진행한다. 이 프로젝트는 전체 맥락 내에서 학생 주도적인 질의로 시작된다. 그러므로 주제 선정 이후 심도 있는 조사를 통해 창의적인 새로운 통찰력을 창출하고 더 깊은 이해를 함양할 수 있게 된다.

개인 프로젝트는 1년이라는 시간 동안 진행되는 프로젝트로, 장기간에 걸쳐 프로젝트를 완성하는 데 필요한 기술, 태도 및 지식 등을 입증할 수 있어야 한다. 또한 프로젝트마다 다양한 상황에서 여러 사람들과 효과적으로 소통할 수 있는 방법을 배우고 경험할 수 있다. 학생 스스로는 자신의 학습 과정 및 학습의 결과를 통하여 책임감 있는 행동을 증명할 수 있게 된다.

프로젝트를 지원해주는 교사와 함께 글로벌 기준의 평가 요소를 통해 자신의 배움 과정을 평가하며 스스로의 성과 및 성장을 성찰해볼 수 있는 소중한 기회를 얻는다. 일반적으로는 10대 중반의 학생들이 1년에 걸쳐 자신만의 프로젝트를 진행해보는 기회를 얻기가 쉽지 않다.

자신의 학문적 관심사에서 시작하는 프로젝트

개인 프로젝트는 학생들 각자의 학문적 관심사에서 시작한다. 주제는 과학에서부터 역사, 심리학, 철학, 미술, 경영학 등 다양한 학문 분야들과 연결되지만, 자신의 주변 일상에서 시작하는 학생 개개인의 스토리가 담겨 있는, 살아 있는 프로젝트다. 주제를 고려하면서 학생들은 자신이 늘 배우고 싶었던 분야가 무엇인지, 혹은 어떤 문제를 해결하고자 하는지, 음악이나 춤, 미술 등의 다양한 예술형식을 통해 어떻게 자신을 표현하고 싶은지, 개인의 삶의 질이나 공동체를 개선시키기 위해 어떻게 그리고 무엇을 혁신시킬 수 있을지에 대해 생각해볼 수 있는 기회가 된다.

프로젝트가 진행되면서 평소 자신이 갖고 있던 질문에 대해 실질적인 답을 찾게 되는 학생도 있고, 이 프로젝트에서 시작해 대학 전공으로까지 이어지는 경우도 있다. 교사들은 주제 선정부터 자료조사의 범위, 조사 도구를 포함한 프로젝트의 일정까지 모두 학생 스스로 결정하고 주도적으로 진행할 수 있도록 지도한다. 학생들의 독립적인 연구 과정의 중요성을 가르치고, 중등교과과정의 요구 조건에 맞는 참고문헌 표기 형식을 가르치기 위한 교육적인 목표도 포함되어 있다. 이렇게 1년 동안 진행한 개인 프로젝트는 최종 보고서 및 발표 등의 다양한 형식으로 글로벌한 평가 기준을 통해 평가받게 된다.

글로벌 맥락의 주제와 연결

나는, 우리는 누구인가?

글로벌한 맥락에서 주제에 질문을 던질 수 있도록 하는 것은 학생들에게 자신의 주제가 어떻게 주변 실생활의 범주를 넘어 글로벌한 마인드와 연관될 수 있는지 더 깊이 이해할 수 있게 한다. 이렇게 선택하는 '글로벌 맥락'은 프로젝트를 수행하면서 물어봐야 할 질문들을 알려주며, 왜 이 프로젝트가 중요한지 한층 더 심도 있게 설명해준다.

IB에서 제시하고 있는 첫 번째 글로벌 맥락은 나를 포함한 우리에 대해서 생각해보는 것이다. 개인으로서의 정체성 및 자존감, 혹은 자신의 효능감을 고려하며 개개인의 행복과 가치 있는 삶에 대해 제시한다. 더 나아가 사회에서의 역할 및 롤 모델 등을 살펴보고, 공동체 간의 경쟁과 협력 등에 대해 생각해보며 인간의 본성과 존엄성 등도 진지하게 고려하게 된다.

이런 과정은 인간의 의식이나 마음의 개념을 돌아보게 하고, 도덕적 추론 또는 윤리적 판단들에 대해서도 자신의 주제와 연관 지어 고려해볼 수 있게 한다.

학생들이 진행한 개인 프로젝트를 살펴보면, '소셜네트워크의 양면성'을 주제로 한 학생은 디지털의 시민권과 사이버 폭력에 대한 인식과 관련한 캠페인을 진행하고, 단편영화를 제작한 학생은 주제로 '대중매체가 10대들의 정체성에 미치는 영향'을 담아내고 있었다. 또 다른 학생은 가족 레시피에 따라 요리를 하는 영상 프로젝트를 진행하며 가족의 정체성을 연구하는 동시에 가족만의 전통음식에 대한 자료들을 구축할 수 있었다.

'어디' 와 '언제'의 의미는 무엇인가?

한편 유클리드 기하학의 공간 관점으로 보는 우주를 주제로 3차원의 모델을 제작한 프로젝트, 시대별 이주경로의 시각자료를 제작하며 새로운 세상을 찾아가는 탐험가들에 대해 조사를 진행한 학생도 있다. 또 가족사를 차트로 작성하며 기록 보관소 및 기록물들을 대표하는 예술작품들을 조사하여 진행한 인상적인 프로젝트도 있었다. 이 항목의 글로벌 텍스트를 통해 학생들은 인류 문명 및 사회의 역사, 유산, 순례, 이주, 이동 및 교류를 포함한 주요 시대의 전환점과 중요한 역사 사건들을 심도 있게 살펴볼 수 있는 기회를 가지게 된다. 그러므로 민족 간의 교류 및 상호작용, 나아가 자연을 활용한 인류의 적응 과정과 진화의 속도 등에 대해서도 깊이 있는 고찰을 할 수 있는 계기가 될 것이다.

예를 들어 K-POP이라는 주제를 서로 다른 글로벌 맥락에 적용했을 경우 다양한 주제들을 도출해낼 수 있다. 첫 번째 글로벌 맥락적 접근으로는 왜 K-POP 주제에 관심이 있는가? 두 번째 맥락적인 접근으로는 K-POP의 생성 및 시대적 변화에 대해 탐구해볼 수 있다. 다음에 제시될 개인적인 문화 표현에서는 친구들을 위해 K-POP 음악을 작곡하여 공연하고, 그 영감에 대해 질의 응답을 진행해볼 수도 있을 것이다. 이렇게 하나의 주제를 가지고도 개인적인 관심사 및 IB에서 제시하고 있는 글로벌 맥락의 접근에 따라 다양한 프로젝트를 진행할 수 있게 된다.

창조적 표현의 본질과 목적은 무엇인가?

다른 어떤 글로벌 맥락보다 학생들의 창의적인 프로젝트들이 돋보이는 항목이다. 5개의 비디오게임을 이용해서 단편영화를 제작한 학생은 이 영화를 통해 문화 표현의 한 형태인 비디오게임을 통해 청소년의 문화를 보여주고자 시도하고 있다. 일본 애니메이션에 대한 학생들의 이해도를 조사하면서, 일본 문화에서 만화의 문화적 가치에 대한 프로젝트를 통해 현실의 사회를 구성하고 있는 문화를 이해하고 타 문화의 의식과 놀이를 고찰할 수 있도록 한다.

이 주제를 통해 다양한 문화 양식에 대한 실질적인 이해 및 다양한 표현 양식을 시도하므로 문화에 대한 실질적인 이해 및 창조의 과정 그리고 미에 대한 추상적 사고력을 향상시킬 수 있다. 이런 과정에서 또래 10대들과는 현저하게 다른, 깊이 있는 사고 과정을 경험할 수 있게 된다.

우리는 우리가 사는 세상을 어떻게 이해할 수 있을까?

개인 프로젝트 주제로 나노섬유로 제작한 자전거 시제품을 만든 학생도 있다. 자전거 타는 것을 즐겼던 이 학생은 자신의 취미에서 시작한 개인의 문제를 실질적인 자전거 제작으로까지 진행할 수 있었다. 가족 간의 유사 질병 및 건강에 대해 관심을 가진 한 학생은 유전학이 건강에 중요한 이유가 무엇인가에 대해 조사하고 보고서를 작성했다.

이처럼 프로젝트 진행 과정과 해결책을 통해 각 학생들만의 독창성 및 진보성을 엿볼 수 있다. 이런 글로벌 맥락적 접근은 과학과 기술의 혁신들을 주제로 하는 현대화, 디지털 라이프 또는 가상 환경 및 정보화 시대에 관련한 다양한 사고들을 진행할 수 있는 기회를 제공한다.

모든 것이 어떻게 연결되어 있는가?

이 부분에서는 세계화와 지속 가능성을 주제로 접근할 수 있도록 제시하고 있다. 인간이 환경에 미치는 영향, 대륙별 인구 통계에 따른 소비, 보존, 천연자원 및 공공재에 대한 연구 혹은 도시계획 및 사회 기반 시설들에 대한 이해와 개발도상국에서의 개발의 어려움,

열대우림 보호에서 나타내는 개발도상국의 역할 등이 고려해볼 수 있는 주제들이다.

대한민국에서 공교육을 받는 고등학교 1학년 학생이 이런 주제를 가지고 1년 동안 개인 프로젝트를 진행한다는 것은 거의 불가능하며, 그것이 우리 교육의 현실이다. 같은 10대의 시간을 보내면서 어떤 학생은 이런 주제들로 주도적인 연구 조사와 함께 계획보고서 작성을 시도하여 지도받고, 다른 학생은 자습서와 시험 위주의 공부를 한다면, 결과적으로 이들은 두뇌와 사고 스펙트럼에서 어떤 차이를 가지게 될까?

인류 공동체의 결과는 무엇인가?

인간은 언제부터 어떤 교육을 시작했던 것일까? 교육을 통해 인류 공동체에서 추구하는 결과는 무엇인가?

10대 시절부터 글로벌한 마인드로 인류 공동체가 추구할 수 있는 가치를 교육받는다는 것은 글로벌 인재로 성장할 수 있는 첫걸음이다. 큰 꿈을 그리는 인재는 그 꿈의 크기만큼 공부에 대한 야망을 키울 수 있고, 나아가 인류사에 한 획을 그을 수 있는 기여를 할 수 있을 것이다.

두려움을 극복해야 나아갈 수 있다

대한민국이 사교육 공화국으로 자리 잡은 것은 자신의 자녀가 좋은 성적을 받지 못하면 어떻게 할까 하는 학부모들의 두려움 때문이었을 것이다. 그러나 다가오고 있는 4차 산업혁명 사회에는 사교육으로는 해결되지 않을 혁신적이고 창의적인 교육과, 그것을 통해 자유롭게 사고하는 인재가 더욱 필요하게 된다. 성적에 대한 두려움, 안정된 삶에 대한 두려움을 극복하지 못하면 혁신적인 교육으로 나아갈 수 없다. 새로운 교육을 위해서는 두려움을 극복해야 한다.

3장

IB 교육으로 행복한 아이들

PYP 교실 들여다보기

놀라운 아이들의 변화

마트나 백화점에 가면 장난감이나 간식 등을 사달라고 조르는 초등학교 연령의 자녀들과 그 아이들을 달래느라 부모가 진땀을 빼고 있는 모습을 종종 볼 수 있다. 이런 이유로 어린 자녀들과 함께 장을 보러 가기가 두려운 부모들도 많이 있을 것이다.

그러나 언젠가부터 마트에서 지금까지와는 다른 행동 패턴을 보이는 자녀를 마주한 학부모, 학교에 가는 것이 즐겁다고 말하는 아이들이 있다. IB 초등교과과정(PYP)에 다니는 이 아이들에게 일어난 즐거운 변화의 비결을 소개한다.

PYP의 주제 연계 수업

PYP 수업은 하나의 공통된 주제를 가지고 모든 과목들이 하나의 학습으로 연계되어 이어진다. '우리를 표현하는 방식(How we express ourselves)'이라는 주제로 진행된 추석 명절 전후의 수업에서 교사는 세계 각국의 명절과 관련한 이미지들을 학생들에게 보여주었다. 이 이미지들을 보고 학생들은 자유롭게 발표를 이어갔다. 또 체육 교과에서는 추석에 한국에서 행해지는 명절 놀이, 혹은 다른 나라의 명절 행사 등을 소개하는 시간을 가지고, 음악 시간에는 추석과 관련된 노래를 배운다. 또 학교 행사에서 발표할 무용도 배우고 익히는 시간을 갖게 된다.

학습이 놀이가 되고 문화 체험 학습이 되는 시간

수학

이 학교에서는 학부모회와 교사, 모든 학생이 하나가 되어 추석 명절을 맞는 행사를 준비하고 있었다. 각국마다 서로 다른 형태로 지켜지고 있는 추석 명절의 유래에 대해 조사하고, 이때 먹게 되는 음식들 그리고 각국의 다양한 놀이 문화들에 대해 조사하고 한국의 추석과 비교를 해보는 시간을 갖는 것이다.

또 학부모회에서 추석 음식을 준비하며 장을 본 영수증이 교사들에게 전달되어 수학 교과 시간에 활용되기도 한다. 어떤 품목을 얼마의 가격으로 구매했는지 확인하며 가격 및 수량을 통해 산수를 배운다. 이런 과정을 통해 학생들은 정보의 수집과 구성이 세상을 이해하는 데 어떻게 도움이 되는지 알게 된다. 일상의 사건 등을 통해 주변의 세계를 더 잘 이해할 수 있도록 정보를 수집할 수 있는 능력이 형성되는 것이다.

또 학생들은 숫자가 현실 세계에서 많은 다른 목적으로 사용된다는 것을 이해하고, 수량을 나타내기 위해 다양한 형태의 숫자를 세고 사용할 수 있다는 것을 배운다. 이런 학생들의 경험을 숫자와 연결시켜서 수에 대한 감각을 발달시키는 데 도움을 줄 수 있다.

사회

세계 각국의 다양한 명절을 살펴보는 사회 과목 시간에는 점점 더 세계화되어가는 사회에서 학생들이 자신과 타인의 위치를 더 깊이 이해할 수 있도록 하며, 인간의 행동을 현실적·객관적으로 바라보고 생각할 수 있는 기회를 제공한다.

사회에 대한 노출과 경험은 삶과 학문에 관한 주요 질문의 문을 열어준다. 과목 내에서 학습하게 되는 학제 간 주제들은 심층적인 탐구 과정의 틀을 제공하는데, 사회는 모든 학제 간 주제와 관련이 있으므로 모든 사회 학습은 이러한 실생활을 기반으로 한 교과과정의 틀 내에서 이루어진다. PYP에서 사회의 지식 구성 요소는 개념 중심적이며 서로 연결되어 있다.

예술

세계 각지에서 행해지는 다양한 명절 음악, 춤 및 여러 가지 축하 형식의 예술을 통해 학생들은 다른 예술가의 작품과 과정을 접하고 이를 통해 비판적 분석, 해석, 평가, 반성과 의사소통의 기술을 발전시킨다. 그간 접해본 적 없는 드라마, 춤, 음악 등을 통해 시각예술의 개념·방법·요소에 대한 지식을 학습하며 다른 세계 예술가의 작품을 다른 관점과 맥락에서 바라볼 수 있게 된다.

예술 수업은 창조적인 행위를 포함할 수 있는데, 학생들은 자신의 작품과 다른 사람들의 예술작품을 비교함으로써 주변 세계에서 예술이 수행하는 역할을 깊이 이해하고 스스로도 예술적 발전을 이루게 된다.

창조 과정은 학생들에게 독특한 형태의 의미를 전달하고, 기술을 개발하며 문제를 해결하고 결과를 시각화할 수 있는 기회를 제공한다. 학생들은 창의적 탐구의 출발점으로 재료와 과정에 대한 상상력, 경험, 지식을 끌어들이며 자신의 작품과 다른 이들의 작품 사이를 연결시켜 자신의 생각을 알리고 서로 영감을 줄 수 있다. 또한 독립적·협력적으로 아이디어를 전달하고 감정을 표현할 수 있는 창조적인 과정에 참여하여 개인적인 관심, 신념, 가치를 탐구하고 개인의 예술적 여정을 시작하도록 한다.

예술작품의 창조 과정은 지속적이고 반사적인 관계에서 동적으로 연결되어 있는데, 학생들은 창작 과정 전반에 걸쳐 이러한 가닥 사이의 긴밀한 관계를 자신의 작업에 지속적으로 반영하여 강화하도록 격려받는다.

도서관 수업

IB에서는 학생의 모국어 발달을 중요시한다. 모국어가 잘 습득된 상태를 토대로 하여 다른 외국어 학습이 가능하게 된다는 믿음에서이다. 그래서 학부모에게 모국어 발달을 위한 다양한 학습적 제안을 전달하고, 가정에서도 함께 책 읽기 등이 이루어지도록 요청하고 있다. 동시에 학교에서는 학생들의 언어 습득 능력 향상을 위해 다양한 방법을 활용하고 있다.

부모들은 자녀들이 책을 많이 읽기를 바라며 독서 습관을 기를 수 있도록 노력하지만, 제대로 된 독서 습관을 길러주기는 쉽지 않다. 권장도서 목록을 먼저 강요하거나 전집 등을 구매하여 자녀들의 흥미와는 상관없는 책들을 강압적으로 읽게 하기 때문이다. 한편 영어교육 열풍으로 영어 책 읽기를 강요하는 등의 과정에서 책을 더 멀리하게 되는 부작용 등도 일어난다.

PYP 수업 과정에는 교내 도서관에서 학생 모두가 함께 모여 진행되는 수업이 있다. 이렇게 도서관에서의 정기적인 수업을 통해 학생들은 도서를 찾는 방법이나 자료를 조사하는 방법 등에 대해 일찍부터 배울 수 있게 된다.

PYP 체험학습의 극대화를 통해 자라는 아이들

이런 체험학습이 학생들에게 어떤 효과를 가져다줄까? 학부모들을 통해 그 효과를 확인할 수 있다. 국내 초등학교에 재학하다가 PYP 학교로 전학한 자녀를 둔 학부모들은 아이의 관찰력이 좀 더 구체적이고 세분화되어가는 것을 직접 느낄 수 있었다고 말한다. 이런 관찰력은 새로운 질문과 호기심으로 연결되어, 아이가 더 많은 주변환경에 대해 적극적인 관심을 보이고 궁금해하며 자연스럽게 배우려는 태도로 이어지고 있다고 한다. 스스로 주변의 다양한 현상이나 일상 속에서도 공부 거리를 찾을 수 있다는 태도를 보이고 있어 놀랍다는 것이었다.

학습과 놀이가 명확히 구분되는 대부분의 교과과정에 익숙해져 있는 학부모와 학생들에게 질문과 호기심을 중심에 둔 PYP 교과과정은 배움에 대한 새로운 장을 열어주는 계기가 되었다고 입을 모아 말한다. 호기심이 자극되는 체험학습은 집중력이 아직 발달하지 않은 학생들에게 서서히 그 시간과 정도를 늘려갈 수 있는 능력을 키워갈 수 있게 하는 과정이 된다. 그래서 아침이면 등교하기를 싫어하던 학생들이 방학에도 학교에 가고 싶다고 말할 정도로 학교를 재미있는 곳으로 받아들이게 되었다고 한다.

4차 산업혁명의 급격한 진행과 스마트 도시로의 등장 및 다양한 인공지능 기술의 등장으로 앞으로 몇십 년 후의 삶은 지금의 생활과는 많이 달라질 것이다.

이 시대에 살아갈 지금의 초등학생들에게 지식 전달에 그치는 교육이 아니라 학습의 습관을 형성해주어서 학생 스스로 자신에 맞는 학습으로의 길을 개척해갈 수 있도록 도와주는 PYP 교육은 가장 필요한 교육이 될 것이다. 또한 이런 학습 경험은 지속적으로 학생을 진정한 배움의 길로 이끌어줄 것이다.

세계와 상호작용하는 글로벌 시민으로 기른다

PYP의 전반적인 교과과정은 학생들 개개인의 웰빙에 관심을 갖고 이에 기여할 수 있는 개념, 지식, 태도 및 기술의 증진 및 개발을 추구한다.

신체적·정서적 건강은 본질적으로 학생들의 학교생활과 그 이후 경험의 모든 측면과 연관되어 있기 때문이다. 또한 사회적 건강과 발전을 포괄하며 자아에 대해 이해하고, 타인과의 관계를 유지하며 활동적이고 건강한 생활방식을 만드는 데 기여한다.

해당 교과목의 교사들은 내·외부에서 진행하는 모든 활동들을 통해 학생들의 개인적, 사회적, 신체적 발전을 지원할 책임을 갖고 있다. 학생들은 자신의 신념, 가치관, 태도, 경험이 자아를 어떻게 형성하는지 이해하게 되며, 더 나아가 문화적 영향, 자신의 강점과 한계와 도전의 인식, 변화와 역경의 상황에 성공적으로 대처할 수 있는 능력들을 배운다. 또한 자아와 스스로의 가치에 대한 개념이 어떻게 학습에 영향을 미치는지 학습하고, 학문에 대한 접근 방식과 다른 사람들과의 상호작용에 대해 이해할 수 있게 된다.

사회성 교육에서 학생들은 더 넓은 세계와 어떻게 상호작용해야 하는지를 포함하여 공동체, 사회 그리고 주변 세계와의 관계에서 개인의 행동, 권리, 책임을 학습한다. 또한 환경과 미래 세대를 위한 지구의 관리자로서 인류의 책임에 대해 이해하게 된다.

PYP 전시회를 통해 배우는 아이들

PYP 전시회는 무엇인가?

IB PYP의 마지막 학년에 진행하는 전시회는 PYP를 마무리하는 학교와 학생들의 중요한 행사다. 이 전시회를 통해 학생들은 PYP의 필수 학습 요소들을 종합하여 자신의 학습 탐구 과정과 이에 따른 결과물을 학교 공동체에 발표한다. 나아가 이 전시회는 학생들이 PYP를 이수하는 동안 발전시켜온 IB 학습자상의 특징을 보여줄 수 있는 기회가 되기도 한다.

전시회에서 학생들은 통합 교육과정을 바탕으로 실생활에서 발견되는 문제들에 대해 확인하고 조사하며 주도적인 학습 과정을 이뤄가게 된다. PYP 전시회는 학생들이 스스로 선택한 핵심 주제를 충분하게 뒷받침할 타당한 조사와 상세한 탐구가 바탕이 될 수 있도록 교사 및 학부모의 지원과 격려가 필요하다.

PYP 전시회의 목적

이 전시회는 학생들을 심도 있고 협력이 필요한 탐구 과정에 참여하게 하며, 이 과정을 통해 주도적인 학습을 시도하며 독립성과 책임감을 기를 수 있게 한다. 또 학생들 간의 협력을 통해 다양한 관점을 접할 수 있는 기회를 제공한다. 또 PYP의 여정을 되돌아보며 이전에 배운 것들을 종합하고 자신의 지식체계에 적용할 수 있도록 돕는다.

학생 각자는 스스로 주체가 되어 PYP 교육의 필수 요소들을 포함하는 공동협력의 경험을 통해 교사와 부모, 학교 공동체 구성원들과 협업을 경험할 수 있다. 또한 PYP에서 MYP로 진학하는 과도기적 과정을 이어주고 축하해주는 기능도 하고 있다.

부모가 함께 참여한 PYP 전시회

세계시민의 역할과 인권에 남다른 관심이 있었던 한 학생은 관련 분야에 종사하고 있는 친구 부모님과의 협업작업으로 PYP 전시회를 준비했다. 국제기구에서 근무하고 있는 친구 부모님의 도움으로 국제기구를 견학하고 여러 관계자와 인터뷰를 진행할 수 있었다. 인터뷰 역시 직접 대면 및 이메일 인터뷰 등이 가능하도록 지원하여, 이 학생은 전시회를 준비하면서 초등학교 5학년 학생으로는 한 번도 경험해보지 않은 다양한 일들을 겪어볼 수 있었고, 평소 자신이 관심을 가지고 있던 문제에 대한 실질적인 현장 지식 등 많은 것을 배울 수 있었다고 한다. 또 인터뷰에 응해주었던 친구의 부모님은 PYP 전시회에 대한 이해와 지식을 얻을 수 있었던 좋은 기회였고, 학생의 호기심과 집중력에 놀랐다는 피드백을 전해왔다.

PYP 이해하기

학부모들은 교과서도 없이 진행되는 5년간의 정규과정이 어떤 이점을 지니고 있는지 올바르게 이해하지 못하는 경우가 많다. PYP 교과과정 전반은 6개의 주제를 바탕으로 질의를 기반으로 교과과정이 수행되고 있기 때문에 지역과 학교에 따라 교육 내용에 다양한 차이를 보인다. 그러므로 PYP 교과과정에 부모를 참여시키는 것은 프로그램에 대한 학부모들의 이해 수준을 높일 수 있을 뿐 아니라, 더 강력한 공동체 의식을 고양하고 교육의 질을 향상시킬 수 있는 방법이다.

실제로 PYP 전시회가 끝난 후 몇몇 학부모들은 "자신의 프로젝트에 대한 학생들의 지식뿐만 아니라 팀으로 함께 작업하는 능력과 자신의 아이디어를 제시하는 능력, 그 아이디어들의 혁신성이나 창의성을 볼 수 있어서 좋았다"라고 말했다. 또 다른 학부모는 PYP 학습의 전체 과정을 본 듯한 느낌을 받을 수 있었고, 자신의 자녀뿐 아니라 다른 학생들과 다양한 대화를 나누며 아이들의 생각을 이해할 수 있는 기회가 되어서, 아이들뿐만 아니라 자신에게도 도움이 되는 시간이었다고 전했다.

진정한 창의성 개발이 가능한 PYP 전시회

PYP 전시회는 교육에서 매우 중요하게 여겨지면서도, 실제로 교육을 통해 제대로 개발되고 있지 못한 창의력의 개발에 지대한 역할을 하고 있다. 5년간의 교과과정은 학생들의 관찰력을 최대로 끌어올리게 되며, 학생이 주도적으로 학습할 수 있게 하고 창의력을 개발할 수 있도록 이끈다.

교육은 학생들이 처한 지역과 사회, 문화의 영향을 받을 수밖에 없으므로, 실전의 지식을 습득하도록 오픈 교육을 실시하는 것은 학습과 생활을 연결하는 고리가 된다. PYP는 오픈 교과과정을 통해 학생들이 다양한 문화적, 사회적 환경에서 받는 자극이 다시 교육으로 연결될 수 있도록 하고 있다.

학생들의 능력을 극대화하는 PYP 전시회

많은 교육이론들이 학생들의 잠재적 능력에 대해 논하고 있지만, 교과과정을 통해 그 능력이 실질적으로 발휘될 수 있도록 하는 경우는 거의 찾아볼 수 없는 것이 현실이다. 교육자 및 부모들은 학생들이 관심 있어 하고 표현하기를 원하는 것에 충분한 관심을 보이지 않고, 학교가 제시하는 지식을 먼저 습득하기를 원하는 경우가 대부분이다. 그러므로 학생들에게 주도적인 학습을 요구하면서도, 교사 혹은 학부모 수준에서 충분한 지원이 이루어지고 있지 못하다. 질의를 기반으로 한 발견적 학습방법의 이점을 충분히 이해하고 있지 못하므로, 학생들이 이런 과정을 따라 자신의 영감을 바탕으로 주도적으로 학습하도록 이끌지 못하는 것이다.

PYP를 마무리하고 MYP를 준비하는 계기

IB 교육과정은 학습의 결과물과 함께 학습 과정에도 세심한 분석을 하는 데 주안점을 둔다. PYP에서 실시하는 전시회는 학생들에게 리더십과 주인의식을 함양하는 기회를 제공한다. 학생들은 전시회의 주제가 자신들에게 친숙하므로 그동안의 지식을 활용해 프로젝트에 적극적으로 기여할 수 있다. 전시회의 전반적인 진행 방향에 대해서도 다양한 의견을 제시하며, 여러 다른 학생들과 협력하여 탐구하는 일련의 과정을 통해 문제를 해결하고 입증할 자료들을 수집·검증·유지하기 위해 다양한 방법과 기술을 이용하게 된다.

학생들은 전시회 준비 과정을 통해 어른들에게 의존하지 않고 직접 중요한 글로벌 이슈를 선택하는 것부터 시작하여, 생각을 발전시키고 최종적으로 자신의 탐구 과정을 타인에게 발표하는 계획까지 이행하게 되며, 이 모든 과정이 PYP 전시회를 목표로 진행된다. 마지막으로 전시회 준비 과정을 기록하는 작업을 통해 학생들은 자신이 말하고 경험했던 것에 대해 구체적으로 장단점을 정리할 수 있으며, 이후 MYP에서 진행될 다양한 연구 학습 및 통합교육에 대해 준비하는 출발점이 될 수 있다.

STEM 교육을 통한
융합교육의 경험

STEM 교육이란?

STEM은 과학(Science), 기술(Technology), 공학(Engineering) 그리고 수학(Math)을 줄인 것으로 이 과목들의 통합적인 교육을 의미한다. 2005년 미국의 버지니아 공대에서 최초로 전공 과목으로 설치되면서 시작된 개념이다.

미국에서는 최근 10년 동안 STEM 분야의 인재 양성과 일자리 창출에 정부 차원의 자금 지원과 적극적인 정책 활동이 실행되고 있다. 우리나라에서는 미국의 STEM 교육에 예술 영역(Art)을 추가한 STEAM 안을 채택해서 시행하고 있다. 2009년 개정 교육과정에서는 창의·인성 교육을 지향하는 융합과학을 교육하는 세계적 과학기술 인재 육성을 교육 전략으로 추진하고 있다.

우리나라에서 정의하고 있는 STEAM 교육은 과학, 기술, 공학, 예술, 수학의 내용을 통합하여 가르침으로써 과학기술에 대한 학생들의 흥미와 이해력을 높이고, 창의적 문제 해결력을 기를 수 있는 융합교육이며, 융합인재교육이라고도 부른다(김진수, 《STEAM 교육론》, 양서원, 2012).

대한민국의 STEAM 교육 들여다보기

2011년부터 시작된 우리나라의 STEAM 교육 현장을 들여다보자. 2018년 통계에 따르면 국내에서 STEAM 교육과정을 수행하고 있는 학교는 전체 초중고교의 1% 미만이다. 절망적인 통계치가 아닐 수 없다.

이러한 저조한 통계치는 다른 교육정책들과 마찬가지로 국내에 도입해서 활용하는 체계적인 실험 연구 수행의 검증 없이 일선 학교에 일임한 결과로 보인다. 따라서 명확한 이론적 토대나 교육과정에 활용할 교육적인 모델이 없어, 뭘 어떻게 가르쳐야 하는지 교사들의 혼란을 가중시키고 있다.

예를 들어 일선 중학교에서는 창의융합교육이 컴퓨터나 정보 등 특정한 과목의 교육과정이라고 여기는 경우도 많다. 특히 2015년 개정 교육과정에 따라 2018년부터 시작된 소프트웨어 교육이 중학교 과정에서 의무화되면서 단순한 코딩 교육이 STEAM 교육으로 여겨지기도 하는 실정이다. 교사들은 사회, 과학, 미술 등 서로 다른 과목과의 융합수업을 위해 함께 의논해보기도 하지만, '어디에서부터 시작해야 할지 모르겠다', 혹은 '학사일정에 따른 시험 진도를 맞추는 일이 급선무다'라는 우려만을 나눌 수밖에 없는 상황이라고 한다.

국내 STEAM 교육 사례 1

중학생을 대상으로 국내 외부기관과 연계되어 진행된 STEAM 교육 중 카 메이커스(CAR MAKERS) 교육의 스카이 드라이빙 워크북 내용을 살펴보면 현재 교통수단의 문제점은 무엇인지 그리고 어떻게 문제점을 해결할 수 있는지 묻는 질문으로 시작하고 있다. 다음으로는 미래에는 어떤 교통수단이 등장할지 상상해서 적어보라는 질문이 등장하며 산업 분야에서 드론의 기능에 대해서도 적어보도록 하고 있다. 마지막으로 드론 조종기의 명칭을 적는 질문과 조종 방법에 대해 화살표 방향이 지시된 객관식 문제를 제시하며 워크북이 마무리되고 있다[한국과학창의재단(www.kofac.re.kr) 중등 1~3에는 스팀 교육 사례가 많이 나와 있다].

국내 STEAM 교육 사례 2

'과학관이 살아 있다'라는 주제로 진행된 또 다른 과정에서는 학생들에게 전시물을 관람하고 주어진 문제들에 답하도록 하고 있다. 질문의 내용들은 단답형의 답을 요구하거나 괄호 등을 제시하여 관람물들이 제시해주고 있는 정보들을 찾아서 정답을 적어 넣는 형식이다(한국과학창의재단 참조).

위 두 STEAM 교육과정의 사례들은 각각 과학과 인문 그리고 과학, 예술, 수학의 과목 간 융합을 기술하고 있지만, 학생들의 워크북을 통해 살펴본 내용으로는 실질적인 과목 간 융합점을 찾아보기 어렵다.

이렇게 국내의 융합인재 교육 수업을 살펴보니 교육의 핵심적인 주제나 개념에서 과목 간의 융합이나 통합적인 내용 요소를 연계하여 진행하고 있지 않음을 확인할 수 있었다. 단순히 서로 다른 과목의 결합으로 이루어진 활동 정도로 여겨지고 있는 실정이다.

IB MYP 통합교육의 장점

IB MYP에서는 통합교육의 실시로 교과목 간의 지식 및 교육적인 기능들이 잘 연계되어 학생들에게 전달될 수 있도록 교과과정을 구성하고 있다. 이러한 교과과정을 통해 학생들은 서로 다른 교과 및 학습적 경험을 접하게 되므로 지식 간의 내적 관계를 스스로 연결해갈 수 있게 된다.

융합 교육과정이 진행될 때에는 교사들 간의 협업과 함께 그룹 활동을 통한 학생들 간의 협업을 중요시하고 있다. 핵심 주제와 관련하여 서로 다른 교과목 교사들이 협업하여 시너지 효과를 가져오며, 이와 함께 학생들 역시 그룹 작업을 통해 성취감을 극대화할 수 있는 커다란 교육적인 장점을 지니고 있다는 것을 알 수 있다.

서로 다른 과목 간의 통합 교육과정은 서로 다른 지식 및 문화에 대한 이해를 높일 수 있는 기회가 된다. 또한 이러한 과정 중에 학생들은 자신의 관점을 타인에게 효과적으로 전달할 수 있는 방법에 대해서도 배울 수 있다. 교사 및 그룹 내 학생들과의 커뮤니케이션을 위해 언어적인 기술의 발달뿐만 아니라 다양한 관점을 수용할 수 있는 오픈 마인드를 지닌 글로벌한 관점을 형성할 수 있는 좋은 교육적 기회다.

통합교육의 전반적인 과정은 지극히 학생 중심적 활동으로 진행된다. 그러므로 학생은 자신의 학습 과정을 진행하면서 스스로 체득하는 경험을 할 수 있게 된다. 이러한 학습 자질의 형성은 IB에서 제시하고 있는 10가지의 학습자상 중 '평생학습자'의 구체적인 실현이기도 하다.

IB STEM 교육 사례 1

융합 교육과정의 주제는 플라스틱 오염으로 인한 세계 해양 환경의 개선방안에 대한 고려다. 연계된 과목은 디자인, 과학 그리고 개인과 사회이며 중학교 3학년 학생들이 참여한 교육과정이다.

학생들은 해당 주제의 정보 수집 및 분석의 과정을 통해 세계적으로 플라스틱 해양 폐기물의 영향을 완화할 수 있는 시스템의 구축에 대해 고민해볼 수 있다. 학생들에게 제시되는 핵심 개념은 폐플라스틱을 수집하기 위해서 로봇을 활용하여 어떻게 적절한 해결방안을 모색할 수 있는지다. 또한 플라스틱이 없는 세상은 어떤 모습일지 상상해보게 하고, 구체적인 활동으로 로봇에 의해 정화될 해양 환경, 플라스틱과 관련한 교육용 포스터의 제작, 1회용 플라스틱 제품의 대체품들을 직접 디자인해보는 시간 등을 진행한다.

이 과정에서 학생들은 실질적인 융합교육을 접할 수 있는데, 나아가 해양 플라스틱 폐기물과 관련한 환경 문제의 지속적이고 범세계적인 해결책에 대해 고민하며 이러한 문제들이 전 세계 사람들에게 어떤 영향을 미치고 있는지도 깊이 이해하게 된다. 또 더욱 심각해지고 있는 환경 재난의 영향을 완화하기 위한 책임의식을 지니게 된다.

IB STEM 교육 사례 2

중학교 2학년 학생들을 대상으로 소셜미디어를 사용하여 지속가능한 실천을 장려하는 행동으로 변경할 수 있도록 진행한 사례를 살펴보자.

이 과정에서는 학생들에게 소셜미디어와 창의성의 조합을 활용하면 지속 가능성에 지대한 긍정적인 영향을 줄 수 있다는 개념을 제시하고 있다. 학생들에게 지속 가능성과 관련된 문제에 긍정적이고 중대한 영향을 미쳤던 소셜미디어 활동과 관련된 사례를 조사하고, 이 자료를 토대로 자신만의 창의적 방안을 모색해보도록 했다. 구체적으로 과거, 현재, 미래에서 기술이 어떻게 사용되었는지에 대해 서로 의견을 나눠보고, 또한 이러한 기술들이 어떻게 인류의 생활을 변화시켰는지에 대해 인식할 수 있도록 하였다.

학생들은 그룹 작업을 진행했는데, 과거를 담당하는 그룹은 무성 영화와 관련된 프레젠테이션을 하고 자신들이 각색한 그룹 드라마를 재현했으며, 현재의 소셜미디어 역시 학생들의 창의성을 담아 재현해서 그룹으로 발표했다. 또 미래에서는 어떤 미디어들이 사용될 수 있을지 비디오로 작성해보는 구체적인 활동들도 진행했다. 이 융합교육은 드라마, 개인과 사회, 음악 등의 과목들을 서로 연계하여 구성되었음을 알 수 있다.

MYP 디자인 과목, 학생들을 사로잡다

MYP의 다채로운 예술 과목

IB MYP에서 진행되는 예술 과목의 범위는 다양하다. 디자인과 미디어를 포함하고 있는 시각예술, 무대예술, 댄스, 연극, 음악에까지 국내 공교육에서는 다루지 않고 있는 예술 과목들을 다양하게 가르치고 있다. 따라서 정규 교과목에서 체계적으로 예술적 과목들을 학습하며 포괄적이고 심도 있는 예술적 소양을 기를 수 있다. 또한 각 예술 과목들의 분야 및 콘텐츠는 국제적인 범주를 아우르고 있어, 다양하고 새로운 예술적 시각을 접할 수 있는 기회가 된다. 학생들은 이런 수업들을 통해 자신들의 재능을 발견할 수 있고, 창의적인 사고방식을 확립해갈 수 있다.

인상적인 디자인 수업 교실의 모습

MYP 디자인 교실에 대한 첫인상은 대학교의 디자인 작업실을 연상시켰다. 교실 한편에는 온갖 종류의 공구들이 즐비하게 늘어서 있었고, 교실 입구 복도에는 다양한 원자재들과 무언가를 프린트하기 위해 작동되고 있는 여러 대의 3D 프린터를 볼 수 있었다.

수업이 진행되고 있는 교실에서는 학생들의 진지함과 열정, 호기심을 엿볼 수 있었는데, 그것은 보통 무기력한 중학생들을 마주하게 되는 국내 학교들의 교실과는 확연히 다른 모습이었다. 학생들은 각자 자신의 작업에 집중하고 있었고, 교사가 교실을 순회하며 진행 상황이나 학생들이 해결하지 못하고 있는 문제들에 대해 함께 토론하는 모습을 볼 수 있었다.

디자인 수업에서는 무엇을 배우는가?

학생들의 수업은 8주에 걸쳐서 진행되었는데, 그 주제는 '나의 이상적인 집'이었다. 이는 MYP의 글로벌 맥락의 주제 중 '시간과 공간의 본질'에 접목된 주제이며, 다음의 개념적인 질문들을 포함하고 있다.

'집을 이루는 필수적이거나 필수적이지 않은 요소들에는 어떤 것들이 있을까?', '어떻게 지속 가능한 형태의 집을 만들 수 있을까?'

이런 실질적인 질문들뿐만 아니라 '공동체로 함께 산다는 것은 어떤 의미일까?', 더 나아가 '다음 세대를 위해서 우리는 어떻게 공동체를 향상시킬 수 있을까?' 등의 질문들과 함께 구체적인 조사를 하며 수업이 시작된다.

디자인의 교육목표

디자인 수업의 목표는 학생들이 디자인의 전 과정을 즐기고 이해할 수 있도록 하는 것이다. 미술활동이나 개별활동으로서의 한 교과목이 아니라, 예술의 전체적인 과정을 이해할 수 있는 기술을 체득하는 체계적인 교과목으로의 역할을 하고 있다. 또 수업의 내용으로 선정되는 문제와 질문을 통해 해결책을 설계하기 위한 다양한 분야의 지식, 이해 그리고 기술을 배울 수 있다.

이 수업은 혁신적인 디자인이 일상적인 생활, 글로벌 사회 및 환경에 미치는 영향과 인식에 대해 배우는 계기가 된다. 문화적, 정치적, 사회적, 역사적, 환경적 맥락 안에서 과거부터 현재까지의 디자인과 새롭게 떠오르는 디자인들을 감상할 수 있도록 하고, 디자인을 통해 글로벌적인 문제에 대한 대안적 해결책을 고민하며 공동체 및 타인의 관점에 대한 존중심을 향상시킬 수 있다.

디자인 주기

IB MYP의 디자인 과목은 지식, 기술 및 설계 원리를 문제 해결의 맥락에서 통합하는 학습 모형을 기반으로 하고 있다. 학생들은 이 과목을 통해 디자인 설계와 기술에 대한 지식을 얻는 데서 멈추는 것이 아니라, 새로운 경험에 어떻게 적응하고 적절한 기법을 통해 문제에 접근할 수 있는지에 대해서도 배우게 된다. 동시에 핵심 요소를 선택해 가장 좋은 해결책을 개발하는 데 목적을 두는 과정들을 경험할 수 있다. 특히 디자인 주기는 이 과목의 핵심에 필수 요소이며 학생들은 이론뿐만 아니라 실제 조사 작업에서도 이 과정을 활용하게 된다. 학생들은 다양한 과제를 연구하고 디자인 주기를 자신의 해결책을 계획, 개발, 평가하는 도구로 사용하는 방법을 배운다.

| 디자인 주기 |

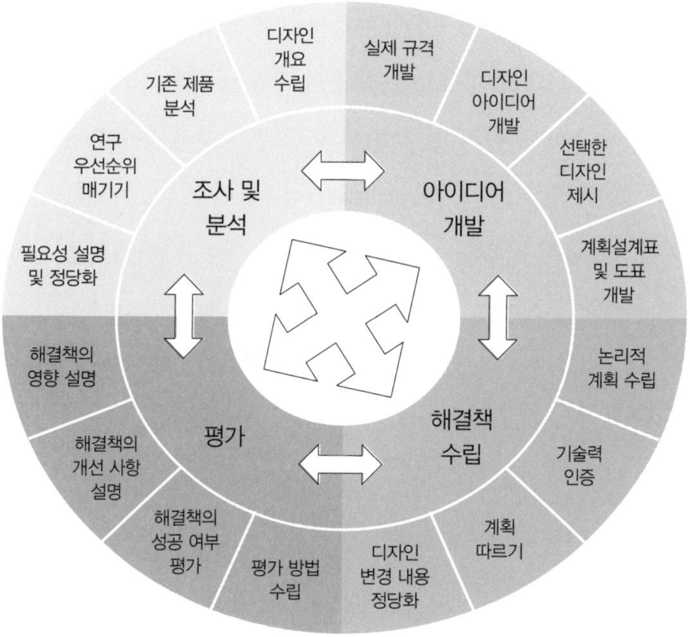

출처 : ibo.org

학생들의 포트폴리오 제작 과정은?

학생들은 위에서 제시하고 있는 디자인 주기를 사용하여 3D로 자신의 이상적인 집을 만들게 되고, 하나의 시스템에 공동체를 구축하기 위한 연구를 하게 된다. 이런 과정을 통해 학생들은 건축의 기초적인 개념과 함께 지속 가능성을 추구하기 위한 가능성과 요구사항들에 대해 고려해볼 수 있게 된다.

학생들의 포트폴리오에는 디자인 주기를 통해 진행한 단계별 작업 진행물들이 포함된다.

1~2주차에는 조사를 통해 자신이 관심 있는 건축물들을 소개하며 건축물의 기본 개념 및 자신의 이상적인 집에 대해 기본적인 구상을 할 수 있도록 한다. 이 과정에서는 해결해야 할 문제를 찾아내는 상황이 제시되며, 학생들은 해결의 필요성을 분석하고 문제의 본질에 대한 조사를 실시하며, 진행을 통해 다양한 능력들을 배우고 향상시킬 수 있다.

3~4주차에는 이상적인 집에 대한 구체적인 아이디어를 발전시키고 스케치를 통해 아이디를 구현시키는 방법을 배운다. 이 단계에서 학생들은 해결책의 개발을 촉진하는 상세 설명서를 작성하며 자신만의 해결책을 제시하는 방법들에 대해 배우게 된다. 설명서는 교사와 친구들에게 실현 가능한 자신의 디자인 아이디어를 설명할 수 있는 노트 및 도표, 혹은 디자인으로 정리하여 제시한다.

5~7주차에는 이상적인 집 프로젝트에 대해 지속 가능성의 요소들을 접목시켜 프로젝트를 확대시켜나갈 수 있도록 한다. 또한 이

단계에서는 하나의 시스템 안에 여러 학생들의 이상적인 집이 함께 설치될 수 있는 구체적인 방안을 강구하며, 협업을 할 수 있도록 공동 프로젝트를 제시한다. 학생들은 각자의 팀원들과 해결책을 개발하기에 충분한 시간 및 재료를 기술한 논리적 계획 구성안도 정리한다. 또한 제작 시 적용된 변경사항에 대해서도 정리한다.

8주차에는 평가와 최종 작품에 대한 발표가 진행된다. 지금까지 진행된 전체 프로젝트 보고서를 포함한 학생 포트폴리오 및 공동체로 구축된 이상적인 집에 대한 전시물로 평가가 진행된다. 학생들은 수업 초기에 스스로 제시했던 문제에 대한 해결책을 평가받고, 자신의 포트폴리오에 포함된 디자인 설명서 그리고 해결책 및 지속가능한 건축물에 대한 설명 등을 발표하는 것으로 8주에 걸친 디자인 수업을 마무리하게 된다.

디자인 수업을 통해 건축가의 꿈을 꾸게 된 학생

어려서부터 디자인 및 건축에 대해 관심을 갖고 있었지만 미술학원과 화실에서의 수업으로는 부족함을 느꼈던 한 학생은 이 수업을 통해 장래희망을 건축가로 확정할 수 있었다고 한다. 물론 3D 프린터의 사용이라거나 다양한 건축물 및 지속 가능성과 연계된 조사들을 진행할 때는 많이 어렵다고 느꼈지만, 그만큼 도전이 필요하고 깊이 있는 수업 내용에 더 흥미를 느끼게 되었다고 한다.

포트폴리오의 경우 매 수업시간의 내용들이 정리되어 평가를 받게 되므로 한 시간도 소홀히 할 수 없었고, 항상 열심히 해야 한다는 것이 큰 부담감으로 다가오기도 했지만 한 단원의 수업이 마무리되면 많은 것을 배웠다고 느꼈고, 보람 역시 매우 컸다고 한다.

MYP
개인 프로젝트

MYP 개인 프로젝트는 무엇인가?

MYP를 마무리하는 학년에는 개인 프로젝트(Personal Project)를 시작하게 된다. 학생들은 배정받은 지도교사의 지도 감독 아래 1년 동안 프로젝트를 진행하여 연구 보고서를 작성한다. 주제는 대부분 자신이 흥미를 가지고 있는 것을 바탕으로 하지만 MYP 글로벌 맥락의 주제와 접목시켜 프로젝트를 진행해야 한다. 즉 '자신의 정체성과 주변 사회와의 관계, 세계화와 지속 가능성, 개인적이고 문화적인 표현, 정당성과 발전, 시간과 장소의 본질, 과학적이고 기술적인 발달'이라는 대주제 안에서 자신의 소주제를 찾아 진행하게 된다.

학생 주도의 프로젝트

개인 프로젝트는 학생 개인의 학문적 관심 혹은 취미와 연계된 분야를 선정하는 경우가 대부분이다. 물론 이때 선정한 주제들과 연결된 진로로 대학의 전공을 고려하는 학생들도 많이 볼 수 있다. 개인 프로젝트는 MYP 과정을 이수하는 데 필수적인 과정이며, 이후 DP에서 진행하게 될 소논문이나 지식론 프로젝트의 선행과정이라고 말할 수 있다. 프로젝트의 주제를 정하는 것을 시작으로 프로젝트의 진행 일정 그리고 IB에서 제시하고 있는 평가 기준에 부합한 보고서 작성까지 모두 주도적으로 이루어져야 하기 때문에, 학생들은 프로젝트를 진행하며 자기관리 및 시간 조절 능력은 물론 프로젝트를 시작부터 끝까지 마무리하는 전 과정을 익힐 수 있는 계기가 된다.

개인 프로젝트 수행의 목표

개인 프로젝트의 목표는 학생들이 전체의 맥락 속에서 지속적이고 자기 주도적인 질의로서 참여하는 데에서부터 시작한다. 따라서 주제에 맞는 심도 있는 조사를 통해 창의적이고 새로운 통찰력을 창출하고 글로벌 맥락의 지식에 대한 더 깊은 이해를 함양할 수 있도록 한다. 개인 프로젝트를 진행하면서 1년여의 기간에 걸쳐 프로젝트를 완성하는 데 필요한 기술, 태도 및 지식 등을 습득할 수 있으며, 또한 다양한 상황에서 효과적으로 소통하는 능력을 배울 수 있다. 나아가 자신의 주도적인 학습 과정 또는 학습의 결과를 통해 책임감 있는 행동을 보여줄 수 있다.

가장 큰 성과는 개인 프로젝트 진행의 전 과정을 통해 학생 스스로가 자신의 성장을 지켜보며 그 결과물들을 기록한다는 것이다.

개인 프로젝트 진행 과정 들여다보기

과정을 기록하기 : 프로세스 저널

프로세스 저널은 프로젝트 전체에 걸쳐서 학생들의 학습을 기록하는 데 사용된다. 구글/워드 문서, 블로그, 웹 사이트, 혹은 노트 등 학생마다 본인에게 가장 적합한 형식을 선택할 수 있다. 프로세스 저널은 개인 프로젝트 평가표를 이용하여 평가되며, 이 프로젝트를 수행하면서 본인의 최고 수준의 성취인 4가지 목표를 달성했다는 것을 보여줄 수 있어야 한다.

담당 교사나 지도를 받고 싶은 교사와 만나기

학생들은 9학년이 끝날 무렵에 초기 감독교사를 배정받게 되는데, 이 감독교사는 학생들의 프로젝트 초기 단계를 이끌어준다. 10학년 초에는 프로젝트 담당 감독교사를 배정받게 되며 이 프로젝트 담당교사와 학생들은 매달 적어도 한 번 이상 만나 프로젝트의 시작부터 끝까지를 이끌게 된다.

주제를 선택하고 초점을 좁히기

주제를 선택할 때 학생들은 다음의 질문들을 고려해야 한다.

- 늘 배우고 싶었던 것은 무엇인가?
- 어떤 문제를 해결하고자 하는가?
- 어떻게 본인을 표현하는 걸 좋아하는가?(음악, 예술, 춤 등)
- '삶의 질'이나 커뮤니티를 개선시키기 위해 어떻게 그리고 무엇을 혁신시킬 수 있는가?

글로벌 맥락 선택하기

글로벌 맥락을 통해 주제에 질문을 던지는 것은 학생들이 주제와 그것이 어떻게 실생활에 연관되어 있는지 더 깊이 이해할 수 있도록 한다. 이렇게 선택하는 글로벌 맥락은 프로젝트를 수행하면서 물어봐야 할 질문들을 알려주며, 왜 이 프로젝트가 중요한지 설명해준다.

SMART 목표를 세우고 보고서 결과를 결정하기

학생들은 Specific(구체적인), Measurable(측정 가능한), Attainable(달성 가능한), Relevant(관련된), Time-based(시간 기반)를 기반으로 성취 가능하지만 현재 본인이 가지고 있는 지식, 기술에 올바른 방향으로 도전할 수 있는 목표를 세워야 한다. 학생들은 제한적인 시간과 자원을 가지고 목표를 달성해야 하며, 지도교사와 의논하여 그 목표가 현실적이고 적절한지 판단하게 된다.

나만의 성공 기준 설정하기

학생들은 본인의 프로젝트의 성공을 평가하기 위한 기준을 설정할 수 있다. 이는 프로젝트 평가 시 담당교사 및 평가자들이 사용하게 되는데, 이 기준을 정하기 위해 담당교사와 논의하여 고품질의 제품 혹은 결과가 어떤 것인지 미리 결정한다. 목표를 정하기 위해 어느 정도 시간을 소요하기 전에는 이 평가 기준을 정의 내려서는 안 되고, 스스로 성취하고자 하는 목표와 결과에 대해 명확하게 이해를 한 후 결정해야 한다.

과정 개발

프로젝트를 시작하기 전 학생들이 가지고 있던 사전지식은 프로젝트에 영향을 미치게 된다. 그러나 학생들은 프로젝트에 걸쳐 새롭게 배우게 되는 학습의 증거를 보여줘야 한다.

학생은 사전지식만으로는 광범위하고 깊이 있는 질문을 던질 수 없다. 자료의 개수와 종류는 프로젝트의 성격에 따라 달라지지만, 조사를 통해 성취할 수 있는 가장 높은 수준의 성과에 다다르기 위해서는 다양하고 많은 자료를 선택해야 한다. 또한 출처의 신뢰성을 평가하는 능력은 학습접근법 기술, 특히 정보와 매체 처리 능력을 통해 개발되어야 한다. 주제 영역 콘텐츠, 주제 분야의 지식과 기술을 가진 주요 인물, 설문조사 자료, 출판자료, 인터넷, 비디오, 이미지 등을 포함한 자료를 사용할 수 있다.

반영하기

개인 프로젝트 평가표에서 높은 점수를 받기 위해서는 프로젝트 전반에 걸쳐서 배운 내용을 반영해야 하며, 이는 프로세스 저널 및 최종 보고서에도 포함되어야 한다.

학습 기술에 대한 IB 접근법의 개발(아래의 학습접근법 참조), 개인 프로젝트를 시작하기 전 어떠한 학습접근법에 강점을 보였는지, 개인 프로젝트를 완료하고 어떤 기술을 개발하게 되었는지, 어떤 학습접근법을 더 향상시킬 수 있는지 등이다. 예를 들어 조사 능력은 개인 프로젝트에 있어서 중요한 요소다.

프로젝트 완료 후에는 출처의 신뢰성을 평가하고, 더불어 프로젝트 주제와 관련 있고 믿을 만한 자료를 선정하며 적절한 참고문헌 목록을 작성하게 된다.

최종 보고서 작성

개인 프로젝트 최종 보고서는 학생들 개인별로 프로젝트 전반에 걸쳐 달성한 학습과 성찰을 입증하는 자료다. 자기평가는 프로세스 저널의 중요한 요소이며, 이 최종 보고서에도 반영되어야 한다. 보고서 작성 시에는 아래의 질문을 던져보아야 한다.

- 주제 중심의 학습과 지식의 이전이 어떻게 본인의 프로젝트에 영향을 미쳤는가?
- 프로젝트의 목표와 글로벌 맥락과 관련하여 무엇을 발견했는가?

• 학습자로서 특히 학습접근법 기술의 인식 및 개발과 관련하여 어떻게 성장하였는가?

개인 프로젝트의 평가

MYP 개인 프로젝트 채점 기준표를 기준으로 학생들은 각각 7개의 등급으로 총 32점까지 받을 수 있다. 지도교사는 하단의 표를 기준으로 점수를 측정하게 된다.

| 개인 프로젝트 평가 기준 점수표 |

개인 프로젝트 평가 기준 점수	IB 등급
32~28점	7
27~24점	6
23~19점	5
18~15점	4
14~10점	3
9~6점	2
5~1점	1

MYP 수료 인증서를 받으려면 개인 프로젝트에서 4점 이상의 점수를 받아야 한다. 3점 이하의 점수를 받은 프로젝트는 재제출이 필요하다.

DP
예술 과목

도전을 즐기는 학생

DP가 시작되고 무대예술 과목 교사를 처음 만났던 시간을 잊을 수가 없다는 학생의 고백을 들었는데, 매우 인상적이었다. 첫 수업 시간에 교사는 이 과목의 수업시간에는 학생들에게 다양한 도전의 과제들을 제시할 것이며, 때로 이러한 도전은 육체적으로나 감정적으로 힘들 수도 있을 거라고 말했는데, 학생은 그런 교사의 얘기를 들으며 두려움이 앞섰다고 한다.

그런데 그 학생은 이후 2년간 진행된 매 수업 시간을 거친 후 이전보다 많이 성장한 자신을 발견하며 스스로가 대견하다는 느낌을 받을 수 있었다고 말했다. 그리고 지난 DP 과정에서 무대예술 과목의 교사가 가장 기억에 남았다는 것이다. 예민하고 감정적으로 불안정한 시기였고, 수업 시간을 통해 공연을 위한 맹연습을 하며 때로는 교사나 학우들과의 의견 충돌도 있었지만, 그런 시간들을 함께 이겨내고 공연이 성공적으로 끝난 후의 성취감과 결속감은 대학 진학 후에도 절대로 잊을 수 없는 추억이라고 했다.

DP의 예술 과목

DP의 예술 과목에는 무용, 음악, 필름, 시각예술, 무대예술이 포함된다. 이렇게 다양한 예술 과목들을 통해 학생들은 더 풍요로운 학교생활과 청소년기를 보낼 수 있다.

MYP에서 시작된 다채로운 예술 과목들의 학습을 거쳐 DP에서는 좀 더 심도 있는 예술 수업들이 제공된다. 특히 한국의 공교육에서는 상상할 수도 없는 과목들을 고등학교 과정에서 공부할 수 있는 기회를 얻는다. 만약 국내의 공교육에 이런 예술 과목들이 도입되어 교육할 수 있는 장이 펼쳐진다면, 지금보다는 심도 있는 예술 교육을 실시할 수 있을 거라는 희망을 담아본다.

한국 IB 과목

현재 대구 교육청과 제주 교육청을 중심으로 한국어 IB 도입이 순차적으로 진행 중이다. DP 과정을 가장 먼저 도입할 예정이며 싱가포르에 있는 IB 아시아 본부와 활발한 공동작업을 하고 있다.

그런데 현재 IB에서 진행되고 있는 학생들의 주도적인 교과목 선택권은 배제될 전망이다. DP가 시작되기 전 MYP의 마지막 해에 학생들은 자신들이 DP에서 어떤 과목들을 선정할지, 그래서 어떤 전공 분야의 대학으로 진학할지에 대해 진학상담을 받게 된다. 그러나 한국어 IB의 DP 과정에서는 국어, 영어, 수학, 사회 및 과학 분야의 한 과목 등을 선정하고, 예술 분야의 연극 과목을 영어로 진행할 예정이라고 한다.

그동안 국내 고등교육과정의 정규 교육과정에서는 접하지 못한 과목으로 도입되어 진행된다면, 어떤 교육적인 효과를 거둘 것인지, 또 학생들이 어떤 학습성과를 성취하는 데 도움을 줄 수 있을지 많은 기대를 하게 된다.

IB에서 무대예술 과목은 어떻게 구성되는가?

무대예술은 실험, 아이디어 발표 그리고 새로운 아이디어의 시도 등을 통해 다른 사람들에게 발견을 유도하는 실용적인 과목이다. 창의력과 공동작업의 구축으로 연극과 실질적인 생활기술의 발전을 추구하고 있다. 또 학생들에게 무대 제작자, 디자이너, 감독 및 연기자로 활동하는 기회를 제공하는데, 앙상블의 일부로서 개별적으로는 물론 공동으로 일하는 것의 중요성을 강조한다. 창조적인 과정에 적극적으로 참여할 수 있는 기회를 통해 각자의 아이디어를 펼치는 예술가로 키워낼 수 있다.

무대예술 과정은 학생들이 참가자, 청중과 같이 연극을 연구, 제작, 준비, 발표하고 비판적으로 반영하는 과정에서 자신과 지역사회 및 세계에 대해 더 깊이 이해할 수 있도록 권장한다. 학생들은 무대예술에 대한 연구를 통해 자신의 개인적, 문화적 관점을 인식하고 연극무대 실행의 다양성, 진행 과정 및 연출 방식을 이해하게 된다. 또 시간, 장소 및 문화 전반에 걸쳐 다양한 형태의 연극을 발견하고 스스로 참여할 수 있다.

무대예술 과목의 교육목표

일반과 심화단계를 선택한 학생들은 폭넓고 다양한 무대예술 활동을 경험하고 참여하며, 한 가지 이상의 무대예술 기술을 습득할 수 있어야 한다. 또 자신의 문화와 다른 세계 문화의 극장 형식에 대해서도 깊이 있게 이해하고, 나아가 다양한 문화의 역사적, 전통적인 무대예술에 대해서도 연구하고 이해할 수 있도록 하는 것이 목적이다.

한편 공연이 진행되는 극장에서 이루어지는 역동적이고 총체적인 예술의 본질, 다양한 측면의 상호의존성 등도 통합적으로 이해할 수 있어야 한다. 마지막으로 이런 총체적인 이해를 바탕으로 도전적이고 혁신적인 프로젝트에 자신감 있게 임할 수 있도록 하는 것에 목표를 두고 있다.

무대예술 교과목의 평가

내부평가 과제는 협업과제로 주어지며, 일반반 및 심화반의 학생들은 협업을 통해 특정 청중을 대상으로 창작한 13~15분 길이의 연극을 준비해서 공연해야 한다. 일반반 및 심화반의 학생들은 이전에 학습하지 않은 출간된 연극 대본을 선택하여 잠재 고객을 위해 상연할 수 있는 방법에 대한 아이디어를 개발하여 제작자 노트를 제출한다. 모든 학생들은 이전에 학습하지 않은 주제에 대한 각자의 연구를 개요와 함께 15분 분량으로 실질적으로 연출하여 발표해야 한다. 또 심화반 학생들은 이전에 배우지 않았던 이론에 대해 연구하고, 그 이론적 측면을 바탕으로 약 48분 길이의 단독 작품을 만들어 발표한다.

예술에 대한 시각을 길러주는 무대예술 수업

무대예술 수업은 역동적이고 협력적이며 도전적인 과정이다. 위험을 감수하고 다른 사람들에게 아이디어를 제시함으로써 실험적이고 새로운 예술성의 발견을 이끄는 실용적인 과목이다. 무대예술에 대한 연구를 통해 학생들은 자신의 개인적·문화적 관점을 점점 더 인식하게 되고 무대예술의 실행 과정 및 공연 방식의 다양성을 인식하게 된다. 시간, 장소 및 문화 전반에 걸쳐 다양한 형태의 무대를 발견하고 참여하며, 학교에서의 경험을 넘어 국제적인 경험을 발전시키고, 세계와의 연결성에 대한 인식을 고취시킨다.

학생들은 무대예술의 전반적인 과정을 통해 제작자, 디자이너, 감독 및 공연인으로의 기회를 갖게 된다. 또한 연구와 이론을 적용하여 자신의 연구에 대한 정보를 제공받고 맥락화하는 방법을 배우게 된다. 무대예술의 참가자와 청중으로서 무대를 창조하고, 준비하고, 발표하고 비판적으로 연구하는 과정을 통해 자신에 대한 풍부한 이해와 예술적인 의사소통 가능성 그리고 예술이 보다 나은 세상을 형성하는 역할을 할 수 있다는 것도 배우게 된다. 또한 이 수업은 학생들에게 창의적인 과정에 적극적으로 참여하여 아이디어를 전달하고, 생산적인 예술가로 변신시키는 기회를 제공한다.

자아를 찾고 사회의 일원으로 성장하는 다양한 CAS 활동

DP 비교과의 3가지 핵심과정

IB 교육의 목표는 모든 학생을 전인격체로 교육하고 책임감과 배려심이 많은 글로벌 시민으로 양성하는 것이다. 대학 입학 프로그램 과정인 DP의 수료를 위해서는 수준 높은 학업적인 성취뿐만 아니라 소논문, 지식론, 3가지 영역으로 구성된 교과 외 활동(창의체험 봉사활동, Creativity, Activity, Service)을 일정 기준 이상으로 이수해야만 학위를 획득할 수 있다(DP의 비교과과정에 대해서는 4장 'DP 비교과 코어 과정'에서 더 구체적으로 설명했다).

교과 외 활동인 CAS는 Creativity(창의적 활동), Activity(스포츠를 포함한 신체적 활동, 체험활동), Service(봉사활동)의 앞 글자를 줄여서 만들어진 명칭으로, 창의체험봉사활동이라고도 부른다.

CAS는 무엇인가?

IB DP 과정에서 진행하는 CAS는 학생이 속한 지역 공동체 및 국제적 봉사활동, 다양한 개발활동 및 교과 외적인 활동이 결합된 프로그램이다. 점수를 통한 평가는 없지만 각 영역별로 50시간을 필수적으로 이수해야 하며, 자기평가 보고서를 작성하고 결과 보고를 인터뷰 형식으로 CAS 담당교사와 진행하게 된다. 다른 2개의 코어 과정들과 마찬가지로, 균형 있고 엄격한 수준을 갖춘 IB 학생의 교육과 성장에서 매우 중요하고 필수적인 요소다.

이 프로그램은 개별 학생들이 진보적이고 독창적인 프로젝트를 구상해내고, 구체적으로 진행하여 다른 학생들과 함께 협동하는 방법을 배우도록 돕는다. 또한 학생들 개개인의 흥미, 취향 등을 알아내고 그것들을 더 극대화하여 각자가 본인이 원하는 활동을 시작하거나 관심 있는 분야의 문제를 해결하는 데 동참할 수 있다는 점에서 의의를 찾을 수 있다.

CAS의 영역별 해당 활동들은 다음과 같다.

창의적 활동(Creativity)

창의적 활동은 심미적인 목적 또는 공연을 목적으로 하는 극장, 회화, 음악, 조각 등의 활동을 의미한다. 교내 방송반, 토론, 모의

UN, 오케스트라, 작문 클럽, 교내 졸업앨범 및 신문 제작 활동, 과학 동아리, 로보틱스 등의 창의적인 활동도 포함된다.

신체적 활동, 체험활동(Activity)

신체적 활동은 주로 스포츠를 포함하지만 이에 국한되지 않으며 모든 육체적 활동을 아우를 수 있다. 교사의 감독과 함께 야구, 농구, 축구, 골프, 승마, 수영, 펜싱, 요가, 테니스, 탁구, 댄스 등의 지속적인 활동을 통해 학생들의 신체 발달을 도모한다.

봉사활동(Service)

봉사활동은 타인을 위한 활동만이 아닌 실질적인 헌신을 통해 공동체의 발전을 도모할 수 있어야 한다. 이러한 봉사활동은 개인 또는 공동체와의 연결을 통한 긴밀한 관계 구축 등의 상호작용을 포함하는데, 이때 형성하는 관계는 타인의 존엄성과 자존심을 존중하면서 만들어져야 한다. 봉사활동은 또 학생회 등의 교내 단체 활동 및 지역 공동체의 고아원, 양로원 방문, 지역의 사회 운동에 대한 지원 활동 등은 물론 국가 또는 국제적인 수준의 공동체에서도 이루어질 수 있다.

학생이 리더가 되어 운영하는 프로젝트

CAS에서 진행되는 프로젝트는 학생들이 스스로 리더가 되어 활동을 직접 기획하고, 팀원들을 이끌어 함께 활동을 진행하게 된다. 따라서 학생들이 직접 효율적으로 참여하고 계획을 수립하며 실행할 수 있도록 5개의 단계를 제시하는데, 이 단계들은 단순한 체험학습의 의미를 넘어서 학생들의 경험을 최대한 활용하는 데 도움을 준다.

학생들은 이렇게 CAS 프로젝트를 진행하며 IB에서 제시하는 IB 학습자상의 가치를 직접 배울 수 있게 된다. 특히 봉사와 관련된 CAS 프로젝트를 통해 타인을 배려(Caring)하며 사려 깊고(Reflective), 동시에 포용력 있는 가치(Open-minded)와 도전정신(Risk-taker)을 체득할 수 있게 된다. 학교와 학교를 둘러싸고 있는 지역사회, 자연환경 등의 영향을 받은 활동이나 프로젝트들이 진행되고 있다.

CAS 프로젝트를 통해 배우는 글로벌 마인드

2019년 3월에는 UN에서 제정한 '세계 물의 날'을 맞이하여 전 세계에 있는 IB DP 과정의 학생들이 전 세계의 물 위기와 관련된 주제로 다양한 CAS 프로젝트를 진행했다. 각자의 위치에서 세계가 직면하고 있는 환경 문제에 대해 동참하여 고민하며 실질적인 문제를 해결해볼 수 있는 방안을 강구하는 프로젝트로, 세계 각국 학생들의 기발한 아이디어와 창의성, 문제해결을 위한 통찰력을 엿볼 수 있었다.

인도 지역의 학생들은 친환경적인 효율적인 정수기를 제작하는 프로젝트를 진행했고, 하와이 학생들은 정기적으로 바닷가 청소를 실시하며 해안 환경 문제를 해결하려는 방법을 제시했다. 또 다른 지역의 학생들은 물을 주제로 한 캠페인 및 공공미술 전시회를 열었으며, 이를 통해 참여한 모든 이들이 지구의 수자원 오염 및 환경 보존에 대한 인식을 제고하는 기회가 될 수 있었다.

이 프로젝트에 참여했던 학생 중 한 명은 화학 과목과 연관하여 자신의 소논문 주제를 '하천의 수질 검사'로 결정했다. 또한 지역사회의 하천에 버려진 쓰레기를 제거하는 또 다른 CAS 프로젝트를 진행했다. 이처럼 교과목의 연장선상에서 3가지 핵심영역이 연계된 활동을 통해 통합적인 학문의 세계로 사고를 확산하며, 개인을 둘러싼 지역사회의 중요성까지 생각할 수 있게 된다. 더 나아가 학생들은 협력을 통해 다른 문화권 및 타인과 좀 더 이상적인 관계를 확립할 수 있는 국제적인 마인드를 지닌 개인으로 양성된다.

이와 같이 DP 과정의 핵심영역은 지식론, 소논문, CAS 통합교육을 통하여 학과목 공부뿐만 아니라 자신과 주변을 향한 메타적인 지식의 형성을 통해 학생들이 전인적 인간으로 성장하도록 하는 데 있다.

진정한 성장을 가능하게 하는 CAS

MYP에서 진행하는 교과 외 프로그램 및 CAS를 통해 40여 개의 활동들을 경험한 학생과의 인터뷰를 통해 구체적으로 다양한 CAS 활동의 스펙트럼을 들어볼 수 있었다.

지역사회의 고아원 및 양로원 방문 봉사를 시작으로 환경을 아름답게 꾸미는 벽화 그리기, 병원에 방문해서 연주회 열기, 방학을 이용해 개발도상국의 학교를 방문하여 학생들에게 영어를 가르치거나 열악한 지역의 환경미화작업을 함께하기, 전쟁 중인 나라의 학생들에게 온라인 교육자료 제공하기, 병원에서 통역 봉사하기 등의 다양한 활동을 통해 학업으로 발견할 수 없었던 자신만의 특기와 흥미를 찾고, 나아가 대학에서의 전공으로까지 선정하게 되는 학생들도 많이 볼 수 있다.

CAS는 이렇게 다양한 모습의 창의적 활동, 봉사활동, 신체적 활동을 수반한 체험활동 등으로 분류되지만, 가장 가치 있는 활동은 학생 스스로 자신의 열정을 살리고 진정한 자신의 창의성을 오롯이 드러내며 자신이 속한 사회뿐 아니라 다른 지역과 사회에까지 긍정적이고 유의미한 변화를 전달하는 것이라고 할 수 있다. 그리고 그런 활동이 바로 성공한 CAS 프로젝트일 것이다.

DP 지식론으로 인지사고력의 확장을 경험하다

메타인지적 사고로의 전환

뉴욕에 있는 UN국제학교 UNIS의 통계자료에 의하면 DP를 경험한 89%의 학생들은 다른 학생들에게도 DP를 권해주고 싶다고 한다.

DP가 10대 학생들에게 도전적인 프로그램임은 분명하다. 2년의 시간 동안 학습적인 스트레스를 겪으며 때로는 좌절감을 느끼기도 하겠지만, 그런 과정들을 통해 부족하고 부진한 부분들을 명확하게 파악해서 채워나갈 수 있는 교육과정이라고 할 것이다. 또한 이런 과정이 가능한 것은 DP에서 학습하는 모든 과목들이 철저히 학생의 내적 동기를 바탕으로 선택되어 시작되는 것이기 때문이다. 이와 더불어 진행되는 지식론의 핵심과정을 통해 학생들은 앎의 본질과 방법, 과정들에 대해 깊이 있게 생각하고 관찰하며 진정한 학습자질을 습득하며 앎을 즐길 수 있는 평생학습자로 길러질 수 있다.

'왜'가 없는 교육

자신의 학습 계획이나 방향에 대해 "엄마, 나 뭐 해야 해?" 또는 "선생님, 저 이제 뭐 하면 돼요?"와 같이 물어보는 학생들을 종종 볼 수 있다. 이런 학생들은 스스로 학습에 대한 동기나 생각이 없이 부모의 강요에 의해, 혹은 해야 하니까 한다는 의무감으로, 아니면 학원에서 시켜주는 공부를 마지못해 하고 있는 경우가 대부분이다. 자신의 앎에 대해 아무런 의미를 가지지 못하고, 그래서 효율적인 학습을 할 수 없는 국내 교육의 현실을 단편적으로 보여주는 모습이다.

내가 알고 있는 것이 어떤 것인지, 즉 앎의 영역과 방법들에 대한 메타인지적인 교육과정을 적용하지 않고는 진정한 교육의 성취는 불가능하다는 것을 잊지 말아야 한다.

지식론 도입 배경

IB에서는 전인교육을 목표로 교육과정을 구성하며 프랑스 바칼로레아에 포함되어 있는 철학 강의를 포함시켰다. 그리고 이것이 더욱 확고해져서 DP의 핵심과정 중 하나인 지식론을 형성하게 된 것이다. 이것은 국내의 고등교육과정에서는 전혀 찾아볼 수 없는 것으로, 학생들이 앎의 본질을 깨닫고, 자신의 지식에 메타인지적인 접근을 경험할 수 있는 교육과정이다. DP는 6개의 교과목 이수 및 3개의 핵심과정 수료를 필수 요건으로 하고 있는데, 앞에서 설명했듯 지식론(TOK), 소논문(EE), 비교과 활동(CAS)이 이 3가지 핵심과정에 해당된다.

이러한 DP의 핵심과정들은 국내 교육 현장에 시사하는 바가 크다. 우리의 교육은 오랜 시간 동안 이론과 실제 교육 현장 사이에서 괴리감과 제약을 느껴왔으며, 여러 가지 한계점과 부작용도 경험해 왔음을 부인할 수 없다. 그러나 IB 교육과정은 국내 교육 현장에서 실천하지 못하는 이상들을 잘 구현하고 있으며, 이와 함께 실제 교육 현장에서도 지속적인 발전을 도모하고 있음을 알 수 있다.

지식론은 무엇인가?

앎의 본질에 대해서 논하고 있는 지식론은 철학적인 사고력을 향상시키기 위한 교육과정이다. 학생들은 심도 있고 사려 깊은 다양한 학문 분야, 즉 수학, 역사, 자연과학, 인간학, 윤리, 예술 등에 대한 질문을 바탕으로 다양한 경험과 지식을 얻게 된다.

대부분의 근본적인 질문은 "우리는 우리가 알고 있다는 사실을 어떻게 알까?"에서부터 시작된다. 지식론은 프레젠테이션 및 1,600

자의 에세이로 구성된다. 발표는 학생들이 지식론의 사고력을 현실 사회에 어떻게 적용하는지를 살펴보며, 학생들의 근본적인 생각과 과정을 1,600자의 에세이를 통해 평가한다. 국제학력인증기구에서는 1년에 두 번, 11월과 5월에 주제를 제시한다. 다음은 2019년 5월 제시된 지식론의 주제문들이다.

- "지식의 질은 얼마나 많은 사람들이 그것을 수용하는지에 따라 가장 잘 측정된다."

  — 지식의 두 영역을 참조하여 이 주장에 대해 논의해보시오.
- "지식의 생산은 항상 공동의 작업이며 결코 개인의 결과물이 아니다."

  — 지식의 두 영역을 참조하여 이 주장에 대해 토론해보시오.
- "좋은 설명은 사실이어야만 하는가?"

  — 위의 주장에 대해 토론해보시오.
- "지식을 추구하는 데 무관심은 필수적이다."

  — 지식의 두 영역을 참조하여 이 주장에 대해 토론해보시오.
- "지식의 생성은 그에 대한 증거를 뛰어넘는 결과의 인정을 필요로 한다."

  — 이 주장에 대해 토론해보시오.
- "건강을 지키는 한 가지 확실한 방법은 잘 먹는 것이다."

  — 위의 주장에 반대되는 관점에 대해 토론해보시오.

지식론의 교육목표

지식론의 교육목표는 체계적인 지식 형성에 대한 비판적 접근을 통하여 각각의 학문 분야와 보다 더 넓은 세계를 연결시킬 수 있도록 하는 것이다. 인류 역사를 통해 개인과 공동체가 지식을 구성하는 방법과 이것들이 어떻게 형성되었는지에 대한 비판적 인식을 개발하는 데 도움을 줄 수 있다. 지식론은 글로벌 시대의 시민으로서 문화적 시각의 다양성과 풍요로움에 대해 관심을 가지고 주관적·이데올로기적 가설에 대한 인식을 개발할 수 있도록 돕기 위해 DP의 핵심과정으로 채택되었다.

지식론 에세이 제출 및 일정 관리

국제학력인증기구에서는 각각의 학교와 소통하여 지식론 평가의 여러 구성 요소에 대한 제출 날짜를 설정한다. 그러므로 모든 학생들의 에세이를 수령하고 제출일 기준까지 필요한 서류를 접수하는 것은 각 학교의 책임이다. 학교에서는 제출 기한을 정해 학생들에게 전달하고, 학교와 감독 교사들은 지식론의 구성 요소에 제시된 다른 단계에 대해 내부 기한을 설정해야 한다. 즉, 지식론 에세이 제출 기한에 대한 자세한 사항은 각 학교별로 문의해야 한다.

지식론 평가 : 에세이와 프레젠테이션

지식론은 외부평가 67%, 내부평가 33%로 진행된다. 지식론 에세이는 '어떻게 아는가?'라는 질문에 초점을 맞추고 지식론에서 제시하는 적절한 방법과 지식영역을 사용하여 2차적인 질문을 다루고 있다는 점에서 일반적인 에세이와 다르다.

지식론에서 주어지는 많은 주제들이 철학적인 질문들을 포함하고 있지만, 학생들은 철학자의 주장 등을 인용할 필요 없이 자신의 학업 경험과 본인의 실제 지식 세계와 연결하여 에세이를 작성해야 한다. 그러므로 지식론에서 학생들에게 요구하는 1,600단어의 에세이는 광범위한 읽기 자료에 대한 연구가 필요한 것이 아니라 학생 개인의 지식탐구와 관련한 것임을 명확히 이해하고, 지식 영역과 도구들을 기반으로 자신의 목소리를 피력할 수 있어야 한다.

지식론 과목에서 진행되는 프레젠테이션 시에도 개인적인 의견을 명확하게 발표해야 하므로, 학생들은 실제로 자신이 관심을 가지고 있으며 흥미로운 주제를 선택해야 한다. 프레젠테이션은 명확한 지식 질문을 전달할 수 있는 구체적인 실제 상황에 초점을 맞추어서 진행되어야 하며, 스스로에게 질문을 던지는 과정을 통해 자신이 본래 갖고 있던 지식체계 및 경험 등과 다른 관점에 대한 인식을 경험하고 습득할 수 있다.

4장

IB에서는 어떤 것들을 배울까?

DP 교과과정

DP란 무엇인가?

IB의 DP(Diploma Program)는 만 16~19세에 해당하는 학생들이 공부하는 과정으로, 최종적으로 IB 학위를 취득하고 대학으로의 진학을 준비하는 고등교과과정이다.

2년으로 구성된 고등교과과정에서는 학생들이 6개의 과목군에서 각자가 관심 있는 분야 혹은 대학 전공과 연계된 과목들로 일반수준 3과목, 심화수준 3과목으로 나누어 선택하게 된다. 일반반의 경우 최소 150시간, 심화반의 경우 240시간을 이수하도록 규정되어있다.

DP는 대학 진학을 준비하는 단계의 교과과정이기에 학생들의 대학 전공 및 진로에 필요한 학문적 지식과 소양을 갖출 수 있도록 돕는 것이 필수적이며, 더 나아가 서로 다른 학문들 간의 연결점을 잘 이끌어낼 수 있도록 지식과 사고의 균형이 잡힌 학생들을 육성할 수 있도록 한다.

IB DP의 교육철학 중 하나는 학생들이 개인적 관심을 지닌 특정 영역에서 더 깊이 연구할 수 있도록 하는 것과, 다양한 학문적 주제를 탐구할 수 있도록 독려하는 것이다. 이에 따라 일반반에서는 학생들이 다양한 과목들을 학습할 수 있도록 하고 심화반에서는 좀 더 깊은 학문적 접근을 유도한다.

일반반과 심화반 과목 모두 공통의 학습목표와 교과과정, 평가로 구성되지만 심화반의 경우에는 조금 더 깊이 있는 학습범위가 추가된다. 또 대부분의 과목에서 내부평가와 외부평가가 동시에 진행되지만 평가의 구성요소에는 다소 차이가 있을 수 있다. 각 수준별 평가항목은 과목별로 상이하게 진행된다.

DP의 6개 과목군

제1과목군 : 언어와 문학

학생들의 모국어에 해당하는 언어 과목이며 일반반 및 심화반 모두 개설이 가능하다.

제2과목군 : 제2언어

제2과목군은 외국어 분야로 기초언어, 언어B 등이 개설되어 있다. 기초언어는 학습을 희망하는 외국어에 대한 기본적인 사전지식이 없는 학생들이 일반반으로만 수강이 가능하며 언어B는 해당 언어에 대한 사전지식을 갖춘 학생들을 대상으로 일반반과 심화반 모두 개설 가능하다.

제3과목군 : 사회계열 과목

개인과 사회에 해당하는 과목군이다. 사람들이 살고 있는 환경을 물리적, 경제적, 사회적, 심리적으로 이해하며 문화 및 역사와 연관된 분석적인 시각을 제공한다. 주요 과목으로는 경영, 경제, 지리, 역사, 정보기술, 철학, 심리학, 문화인류학 등이 있으며 일반반과 심화반 모두 개설할 수 있다.

제4과목군 : 과학

이 과목군은 과학적 정보와 지식을 분석하고 종합하며 실험 과학의 방법론과 실험 수행 능력을 함양하는 것을 목표로 한다. 주요 과목으로 생물학, 화학, 물리학, 환경학, 디자인 기술, 스포츠·운동과 건강과학 등이 있으며 일반반 및 심화반 모두 제공된다. 통합교과목인 환경시스템과 사회 등의 과목은 일반반에서만 제공된다.

제5과목군 : 수학

수학 과목군은 수학 연구 일반반, 수학 일반반, 수학 심화반, 상급수학 심화반으로 제공되며 컴퓨터공학의 경우에는 일반반 및 심화반 모두 개설된다.

제6과목군 : 예술계열

무용, 음악, 드라마, 미술, 영화 등 5개의 과목 모두 일반반 및 심화반으로 개설된다.

제3과목군에 해당하는 지리 과목의 과목 프레임을 통해 일반반과 심화반의 차이점에 대해 살펴보자.

DP 과정에서의 지리 교과목은 현실 세계와 긴밀하게 연결되어 개인, 사회 그리고 물리적 환경 간의 상호작용에 중점을 두며, 학생들이 이 상호작용의 추세와 패턴을 파악하고 조사하도록 한다. 인구, 지속 가능성, 부, 자원 소비, 지역, 관광, 음식, 건강의 불균형과 같은 다양한 주제를 배우게 되는데, 이를 통해 학생들이 다양한 분야의 여러 개념과 아이디어를 조사할 수 있도록 학문적 기회를 제공한다(이는 지리 교과목의 전반적인 교육목표에 해당한다).

이 일련의 학습 과정을 통하여 학생들은 대안적인 접근법, 견해 및 아이디어에 대한 관점을 배울 수 있게 되며, 국제적 인식을 구체화할 수 있도록 빈곤, 지속 가능성 및 기후 변화와 같은 주요 글로벌 이슈에 대해서도 조사하게 된다(이는 전반적인 교육 진행 과정에 해당한다).

DP에서 지리 과목은 사람들, 장소, 공간 및 환경 간의 상호 관계에 대한 이해 도모, 인간 복지와 환경의 질에 대한 관심을 고취시키고 계획과 지속 가능한 관리에 대한 필요성을 이해할 수 있도록 하고 있다. 더 나아가 현대사회의 문제를 분석하는 데 지리학의 관련성을 높이 평가하고 다양성과 변화에 대한 세계적인 시각을 개발할 수 있도록 하여 학생들의 글로벌 마인드를 육성하는 것에 목표를 둔다(지리 과목의 진행 과정 및 교과목표에 해당한다).

대한민국의 지리에 대한 지식 기반적인 기존 지리 교과목의 접근법과는 다르게 DP에서는 콘텐츠 지식을 기반으로 학습이 진행된다. 일반반 및 심화반에서는 공통 핵심 주제 및 선택 주제를 가진 수업을 제공하고, 심화반 학생들은 이에 더하여 확장된 심화 주제를 학습하게 된다. 지리 과목에서 교육하는 각종 활동은 일반반과 심화반 공통으로 제공되지만 심화반에서는 더 심도 있는 지식을 습득할 수 있고, 지리학적 지식의 확장 개념을 종합해서 학습하게 된다.

DP의 평가제도

DP의 평가는 내부평가와 외부평가로 나뉘어 진행된다. 내부평가는 2년의 학습 기간 중에 이루어지며, 학생들의 프레젠테이션, 프로젝트 참여 및 완성, 수업 과정 중에 작성한 포트폴리오 등을 바탕으로 한다.

평가는 교과 담당교사가 진행하되, 학교 외부로부터 공정성을 확보하는 장치까지 두어 편파적인 채점을 최대한 차단한다. 과목별로 이루어지는 내부평가는 언어 과목에서는 프레젠테이션, 지리 및 사회 과목에서는 현장학습 및 보고서 작성, 수학 과목에서는 탐구 보고서 작성, 예술 과목군에서는 공연 및 보고서 작성 등으로도 진행된다. 외부평가의 일환인 외부 시험은 고등교과과정의 마지막 학기에 실시된다. 학생들은 각자 재학 중인 학교에서 시험을 치르는데, 평가는 전적으로 외부 전문기관을 통해 진행된다. 교과 총점은 6개 교과목마다 7점씩 부여하여 42점 그리고 지식론, 소논문, 비교과 활동 등을 종합한 3점을 합하여 총 45점이 된다.

학생들은 선택 이수한 6개 과목 시험에서 각 7점 만점에 4점 이상, 합계 24점을 이상 얻어야 DP 학위를 취득할 수 있다. 시험을 위한 자료들은 세계 공통으로 영어, 불어, 스페인어로 되어 있으며, 최근에 일본어가 추가되었다. 개별 과목만 이수하기를 원하는 학생은 수강 이후 시험에서 4점 이상을 취득하면 해당 과목의 수료증을 받을 수 있다.

전체에서 내부평가는 20~50%, 외부평가는 50~80%를 차지하고 있다. 주관식 평가의 객관성을 유지하는 방법으로 교차채점제를 실시하는데, 이는 담당교사가 채점한 내부평가 자료를 지역 본부로 보내 외부 채점관의 검토를 거치고, 그 채점자료 일부가 다시 국제 본부로 가서 최종 검토를 거치는 시스템이다. 과목별로 3~5시간 정도 실시하는 외부평가에서도 1차 채점관, 2차 채점관이 있어 주관식 평가에 대한 객관적 평가 시스템을 갖추고 있다.

교사들은 학생들의 학습과 평가 과정을 지속적으로 세밀하게 관찰하여, 학생들이 어떻게 발전해가는지를 기록한다. IB 본부는 학생들의 학업적 진실성(Academic Honesty)을 지키기 위한 대책을 마련하여, 배움의 과정에서 발생할 수 있는 윤리적 문제에 대해 철저한 대책을 세워 교육의 목적이 훼손되지 않도록 관리하고 있다.

성적에 대한 모든 학문적인 판단의 책임은 각 과목의 공인된 심사관에게 있으며 학구적인 성취 내용과 과정을 평가하고 다양한 학문 형태와 문화 양식을 고려하기 위해 다양한 평가방법들, 구두 프레젠테이션 및 서술, 단답형, 자료 제시형, 논술, 선다형 문제 등이 사용된다. 북반구에서는 5월, 남반구에서는 11월에 학과 시험이 진행되고, 5월의 시험 결과는 7월에 발표된다.

DP 온라인 과정, 파모자(Pamoja Education)

IB에서 제공하는 교과목군의 개수는 PYP는 6개, MYP는 8개, DP는 6개다. 특히 DP의 경우에는 각 과목군별로 세분화된 과목을 제공하고 있다. 우리나라의 교육과정을 예로 들어 설명하면, 2011 교육과정을 기준으로 국내 고등교육에서는 생활과 윤리, 윤리와 사상, 한국지리, 세계지리, 한국사, 세계사, 동아시아사, 법과 정치, 경제, 사회와 문화의 총 10개 과목으로 '사회탐구영역'이 구성되어 있다. IB에서도 이처럼 거의 모든 과목군 안에 4개 이상의 세분화된 과목을 제공한다. 그러나 각각의 학교에서 학생들이 이수하고자 하는 모든 과목을 제공하기는 어렵기에, IB 본부에서는 공인 온라인 교육과정인 파모자를 제공하고 있다.

파모자는 학생들이 시간표에 얽매이지 않고 효율적인 학습이 가능하도록 돕는 역할을 하는데, 현재 수백 개의 학교가 파모자와 협력하여 학생들에게 학교 내에서 제공되는 과목 외에 추가적인 과목을 선택할 기회와 폭넓은 교육 경험을 제공한다.

파모자에서 제공되는 수업은 일반 수업과 동일하게 IB 교수 경력이 풍부한 교사들이 온라인에 적합한 방식으로 수업을 진행하며, 매주 수업이 업로드되어 본인이 원하는 시간과 장소에서 온라인에 접속하여 수강할 수 있다. 각 과목별로 한 반의 정원이 정해져 있어, 세계 각국의 학생들과 온라인상으로 토론 등을 진행하게 된다.

이와 같이 학생들이 개별적으로 학습 계획을 짜고 학습하는 수업일지라도 각 학교에서는 파모자 담당교사를 지정하여 학생의 수업 이수와 경과를 감독, 지도하고 있다. 파모자 담당교사는 학생뿐만 아니라 파모자 각 과목 교사와의 끊임없는 커뮤니케이션을 통해 학생이 과목을 잘 해내고 있는지 등을 지속적으로 확인하게 된다.

현재 파모자에서 제공되는 DP 과목으로는 경영관리 HL·SL, 경제학 HL·SL, 영어A 언어 및 문학 HL·SL, 소논문, 필름 SL, 기초 프랑스어, 글로벌사회에서의 정보기술 HL·SL, 기초 중국어, 수학 HL·SL, 수학 : 분석과 접근 HL·SL, 수학 : 응용과 해석 HL·SL, 철학 SL, 심리학 HL·SL, 기초 스페인어, 스페인어B SL 그리고 지식론이 있다.

직업연계과정 CP

CP(Career-related Program)는 2006년 핀란드의 국제학력인증기구가 주도한 프로젝트에서 비롯된 IB의 직업연계과정으로, 직업 관련 학습에 관심을 가지는 학생들을 위해 개발된 독특한 교과과정이다. 국제적으로 인정받는 DP에 CP 코어, 직업 관련 연구를 결합한 종합적인 교육 프레임워크라고 할 수 있다. IB 교육과정 중 가장 최근인 2014년부터 학교에 도입되어, 2019년 12월을 기준으로 23개국 214개 교에서 제공되고 있다.

CP 학생들은 최소 2개 이상의 DP 과목들과 더불어 각 학교별/지역별로 독특하게 구성된 CP 코어와 직업 관련 연구를 이수함으로써 지식뿐만 아니라 평생의 직업이 될 수 있는 기술을 습득하게 된다. CP는 각 지역별로 유연성을 허용하기 때문에, 각 학교는 학생들의 요구사항과 배경을 고려하여 독특한 CP를 만든다.

CP 핵심요소

CP의 핵심요소는 학생들이 개별적으로 선택하는 DP 과목과 직업 관련 연구를 잇는 역할로 설계되어 학문과 실무적 기술을 결합할 수 있도록 하는 것이다. 아래 4개의 상호 관련된 요소를 핵심으로 두고 CP 코어가 형성된다.

개인적·전문적 기술

개인적·전문적 기술은 학생들이 현재와 미래의 개인적 혹은 전문적인 상황과 문맥에 적용할 태도와 기술, 전략을 개발하도록 고안되었다. 이 과정에서는 다양한 상황에서 적용이 가능한 직장에서의 기술 개발을 강조한다.

봉사활동

봉사활동은 지역사회 공동체의 요구사항을 충족하기 위한 지식과 기술의 개발 및 적용에 중점을 두고 있으며, 학생들은 이전 학습 주제와 관련된 봉사활동을 수행한다.

성찰 프로젝트

장기간에 걸쳐 이루어지는 성찰 프로젝트는 CP의 마무리 단계에 이루어진다. 학생들은 성찰 프로젝트를 통해 연구 단계에서 발생하는 윤리적 문제를 분석하고, 비판적으로 토론하고 평가하게 된다. 성찰 프로젝트는 고도의 글쓰기 및 커뮤니케이션 기술과 더불어 지적 발견과 창의성을 촉진하는 데 중점을 두고 이루어진다.

언어 발달

국제 교육과정으로서 IB에서는 하나 이상의 언어로 의사소통을 하는 것이 필수요소다. 모국어 외의 언어 발달은 학생들이 보다 더 넓은 세계에 대해 이해할 수 있도록 돕는다.

CP 과정 중 직업 관련 연구

직업 관련 연구는 학생들이 졸업 후 원하는 분야의 대학에 진학하거나 인턴십 또는 취업을 하기 위한 준비를 시켜주는 것에 중점을 두고 설계되었다. 직업 관련 연구에서 학생들은 지속적인 응용 및 연습을 통해 이론과 개념을 학습하고, 기술을 개발하게 된다.

CP 과정 중 DP

DP의 6개 과목군 중 두 과목을 선택하여 이수해야 한다. 자세한 DP 과목은 앞에서 다루었으므로 생략한다.

DP 과목의 경우에는 일반적인 DP와 마찬가지로 IB에 의해 외부평가가 이루어지며, CP 코어의 성찰 프로젝트도 A에서 E까지 점수가 매겨진다. 그 외의 CP 코어는 각 학교별로 이수 과정에 대한 내부평가를 진행한다.

CP를 통한 전문화된 진로교육

CP의 장점은 학생들이 원하는 진로에 맞추어 교육이 이루어질 수 있다는 점이다. CP의 핵심인 CP 코어와 직업 관련 연구를 통해 학생들은 실제로 사용 가능한 실질적 기술을 습득하게 된다.

영국 런던에 위치한 웨스트민스터 아카데미(Westminster Academy)에서는 2014년부터 CP를 제공해왔으며, 현재 71명의 학생들이 CP를 이수하고 있다. 이 학교는 최근 영국 교육의 미래에 대한 연구를 지속하는 엣지 재단(Edge Foundation)의 〈21세기 교육을 향한 보고서

(Report Towards a Twenty-First Century Education)〉에서 CP의 성공 사례로 언급되었을 만큼 전폭적인 지원이 이루어진다. 이 학교의 학생들은 CP 코어에서 IB 학습자상을 활용하여 개개인의 관심 분야를 탐구하는 시간을 가지며, 직업 관련 연구를 위해 최소 2주간의 업무 경험과 현장에서 온 다양한 분야의 전문가들과 함께 일할 수 있는 기회가 제공된다.

학생들은 언론사, 인테리어 디자인, 항공 조종 등 여러 분야의 취업에 바로 뛰어들기도 하지만, CP를 이수하면서 본인의 진로를 재탐구하는 학생들도 매우 많다. 웨스트민스터 아카데미에서 CP를 이수한 학생 중 한 명은 국제사회의 분쟁에 대한 성찰 프로젝트를 수행하면서 국제 정치에 매료되어, 인테리어 디자인 회사에 취업하려던 기존 진로를 바꾸어 국제 정책과 정치를 더 깊이 공부하기 위해 대학에 진학했다.

영국 켄트에 위치한 데인 코트 학교(Dane Court Grammar School)의 한 CP 졸업생은 CP를 이수하는 동안 대학에 진학할 것인지 아니면 취업을 할 것인지 제한하지 않아 훨씬 더 다양한 선택권을 가졌으며, "나의 기회는 열려 있었고, 한계도 없었다"라고 말했다.

이와 같이 CP는 단순한 취업을 위한 기술 습득 및 준비가 아닌 학생들이 본인의 진로를 깊이 탐구하고 진정한 길을 찾을 수 있도록 돕는다.

DP 비교과 코어 과정

DP의 3가지 코어

소논문

소논문은 논문 형식으로 쓰이는 4,000자 에세이로, 한 과목에 해당되는 주제에 관해 논문을 작성하는 것이다. 학생들이 자기 주도적인 탐구 능력을 함양하는 것을 목표로 삼고, 대학교에서 기대하는 일종의 주체적인 연구 및 작문 기술을 갖출 수 있도록 한다.

학생들은 DP의 다양한 과목들 중 관심 있는 분야를 선택하여 지도교사의 도움으로 총 40시간 이상을 할애하며 3,000~4,000단어 분량의 소논문을 작성해야 한다. 보통 소논문 지도교사는 소논문의 주제와 관련이 있는 과목의 교사로 정해진다.

IB에서는 소논문 작성을 매우 중요하게 여기는데, 소논문을 쓰는 일련의 과정이 중등교육 이후의 학생에게 대학 학부생의 연구 작업과 같은 실질적인 경험을 제공하기 때문이다. 적절한 연구 주제의 선택에서부터 소논문의 최종 완성에 이르기까지, 학생들은 시간적인 제약 속에서 활용 가능한 자료들을 통해 정해진 길이를 충족하여 소논문을 작성해야 한다.

연구 과정에서는 연구 질문의 적절한 형성, 주제 탐구에 대한 개인적인 접근과 참여, 아이디어 전달 및 논쟁 전개를 강조한다. 이런 과정들을 통해 학생들은 지식을 분석·합성 및 평가하는 역량을 개발할 수 있다. 또 연구 및 소논문 작성의 전반적인 과정에서 지도교사의 조언과 지도, 지원과 격려를 받게 된다.

소논문 작성과 관련된 단계별 요구사항은 11학년에 모두 제출되어야 하며, 최종적으로는 12학년 9월에 제출해야 한다. 소논문에 대한 평가는 연구 주제, 연구 방법, 논리 전개, 분석 수준 등을 대상으로 이루어지며 IB 평가자에 의해 평가된다.

지식론

지식론은 DP의 독창적이고 비판적인 사고훈련 과정으로, 통합교과적으로 여러 학문적 지식의 상호 관계에 대해 배운다. 학생들은 지식론을 통해 교실 내외에서 얻은 지식과 경험에 대해 학문적 비평의 관점을 더욱 극대화할 수 있다. 또한 개별학습으로 치우치기 쉬운 6개의 교과 영역을 통합하여 비판적으로 사고하면서 지식 자체의 의미와 이를 습득하는 방법에 대해 성찰할 수 있게 된다.

지식론은 학생들에게 지식의 기저와 관련한 의문을 제기하고, 주관적이거나 이데올로기적이지 않은 인식과 사고를 할 수 있도록 훈련하는 과정이다. 이와 함께 학생들은 합리적인 논증을 위해 증거를 분석하는 능력을 키우게 된다.

지식론의 핵심 질문은 '우리는 우리가 안다는 사실을 어떻게 아는가?'다. 이를 탐구 목표로 삼고 학생들은 2년간 여러 문화의 다양한 사고방식에 대해 비판적으로 숙고하면서 대략 100시간의 과정을 이수해야 한다. 이 핵심 필수과정을 통하여 학생들은 '앎'에 대한 원론적인 학습을 하게 되며, 지식의 기저를 파악할 수 있는 아래의 7가지 질문을 토대로 지식론에 대해 탐구해나간다.

- 의미 : 무엇을 의미하는가?
- 증거 : 무엇을 증거라고 할 수 있는가?
- 확실성 : 어떻게 확신하는가?
- 관점 : 어떻게 바라볼 수 있는가?
- 한계 : 무엇이 한계인가?
- 가치 : 왜 가치가 있는가?
- 연결 : 어떻게 유사하거나 다를 수 있는가?

창의체험봉사활동, CAS

CAS는 학과목 학습 이외에 전인적 인간성을 양성하기 위한 예술, 스포츠 등의 특별활동과 지역사회 및 단체 등에서 하는 봉사활동을 포함한다.

IB에서는 다양한 CAS 활동을 통해 학생들이 자신의 에너지와 특별한 재능을 타인과 나누도록 권장한다. 학생들은 다양한 활동을 통해 자신에 대해 더 깊게 인식하고, 관심 있는 분야를 발견하게 되며 또한 타인들과 협력하는 능력을 개발하게 된다. 학생들은 '창의적 활동', '신체적 활동', '봉사활동'의 3가지 영역에서 개발하고자 하는 목표를 설정해야 하는데, DP를 수료하기 위해서는 반드시 이러한 활동에 참여해야 한다.

학생들은 학교에서 지정한 CAS 담당교사로부터 지도와 감독을 받으며 2년간 매주 3~4시간씩 최소 150시간의 활동을 이수해야 한다. 이수 과정에서 학생들은 온라인상으로 자기평가 보고서와 각 활동에 참여한 시간 및 날짜 등을 기록해야 하며, 각 활동이 완료된 이후에는 CAS 담당교사가 보고서를 작성한다. 학생들이 참여하는 모든 활동은 담당교사나 각 지도교사에게 사전승인을 받아야 한다.

MYP 교과과정

MYP란 무엇인가?

IB의 MYP(Middle Years Program)는 만 11~16세 학생들을 위해 고안된 5년간의 중등교과과정이다. 학생들의 지적 도전을 강조하고 전통 과목의 학습과 현실 세계 간의 연계를 장려하는 학습의 틀을 제공하고 있다.

MYP는 커뮤니케이션, 협력, 조직, 자기관리, 성찰, 연구, 정보지식 능력, 미디어 지식, 창의성 및 비판적 사고와 학습 단계 이전에 선행되어야 할 학습 접근방식의 체계적 개발을 통한 '학습방법에 대한 학습'에 중점을 두고 있다. 이는 또한 오늘날의 젊은이들에게 필수적 자질인 문화 간 이해와 글로벌 참여를 촉진한다. 학제 간 교육과 학습은 학생들의 발달 요구를 해결하고, 상호 연결이 더욱 심화되어가는 현대 세계에서의 삶과 깊이 있는 학문적 연구를 준비하는 연결 교육과정을 구축한다.

MYP는 8개의 과목군에 걸쳐 개념과 맥락을 이용하여 지식을 전달하고 통합교육을 실천한다. IB에서는 공식적인 자격을 얻으려는 학생들을 위하여 10학년 말에 온라인 평가나 개별 과목 평가를 실시하고, 그 결과를 제공한다.

MYP 과정을 수료하려면 언어와 문학, 개인과 사회, 과학, 수학과 학제 간 학습 과목에서 최종 평가를 통과해야 한다. 또한 언어 습득 이외에 디자인, 예술 또는 체육 보건교육 중 하나를 선택하여 온라인 포트폴리오를 제출해야 하며, 개인 프로젝트는 물론 지역사회 봉사활동 및 개인역량강화활동(CASE) 등과 같은 학교별 요구사항까지 모두 이수해야 한다.

MYP 교과과정의 목표

복잡한 문제와 더 깊은 분석 및 통합 수준에 대한 광범위한 관점을 장려하기 위해 과목 그룹 내의 다른 분야들과 다른 과목 그룹 간에 학제 간 학습을 시행할 수 있다. 학제 간 연계는 학생들에게 핵심 의미를 전달할 수 있어야 한다.

IB MYP에서 학제 간 학습은 학생들이 2개 이상의 과목에서 지식체계와 사고방식을 이해하고, 이를 통합하여 새로운 이해를 생성하는 과정이다. 학생들은 어떠한 현상의 설명과 문제 해결, 새로운 문제 제기 등을 위해 커뮤니케이션의 개념, 방법 혹은 형식을 수집하여 이를 증명한다.

- 학습능력에 대한 깊은 이해를 발달시키고 이를 의미 있는 문맥에 적용
- 개념 학습, 이해방식 및 여러 과목에서의 조사 방법의 통합
- 상품을 생산하거나 현상을 설명함으로써 흥미로운 문제, 아이디어 및 도전에 대한 조사 시행
- 학제 간 학습 과정에 대한 이해를 반영하고 전달
- 여러 과목들이 서로 보완과 도전하는 방법에 대한 통찰력을 포함한 지적 발견의 흥분 경험

학제 간 교육과정은 학문 간 통합을 통해 공통된 맥락을 공유하는데, 형식적인 과목 단위로 결합하거나 통합적인 교육과정으로 개발된다. MYP는 다음과 같은 개념적 이해를 통합함으로써 학제 간 연구를 촉진한다.

- 정체성과 관계
- 공간과 시간의 방향성
- 개인적, 문화적 표현
- 과학 기술 혁신

• 세계화와 지속 가능성
• 공정성과 발전

학제 간 연간 학습 시간은 정해져 있지 않지만, 각 과목군 교사들은 교육과정 전체에 걸쳐 의미 있고 지속적인 학제 간 교육 및 학습 기회를 개발할 책임이 있다.

MYP의 8개 과목군

언어와 문학

학생들이 다양한 장르의 읽기, 쓰기, 듣기, 말하기, 분석 기술을 더욱 발전시킬 수 있도록 한다. 이 과정은 시, 소설, 드라마, 그래픽 소설, 영화, 단편소설 등을 감상하고, 문학작품을 통해 개인, 사회, 기타 문화의 측면을 탐구하고 분석할 수 있도록 한다. 글쓰기와 언어에 대한 집중은 단순히 철자법과 문법의 사용 이외에도 쓰기 단계의 기술적 향상을 장려한다.

• 언어를 사고, 창의성, 성찰, 학습, 자기표현 및 사회적 상호작용을 위한 수단으로 사용
• 다양한 맥락에서 듣기, 말하기, 읽기, 쓰기, 보기 및 제시와 관련된 기술 개발
• 문학작품 및 비문학작품 연구 및 분석에 대한 비판적, 창조적,

개인적 접근법 개발
- 다양한 문화의 문학에 참여하여 서로 다른 역사적 시대를 묘사
- 문학작품 및 비문학작품을 통해 개인 문화, 주류 문화 및 기타 문화의 측면을 탐구하고 분석
- 언어 탐구를 위해 정보통신기술과 연계
- 독서에 대한 지속적 관심 개발
- 언어A의 기술과 지식을 다양한 실제 문맥에 적용

언어 습득

언어 습득의 가장 중요한 목적은 학생들이 비판적이고 유능한 의사소통자로서의 능력을 얻도록 하는 것이다. 이를 위해 언어 습득 과목은 학생들이 다중언어 사용자가 되게 하며, 인쇄물 기반 및 디지털, 구술, 문자 및 시각 텍스트를 이해하고 사용할 수 있게 하는 것에 목표를 두고 있다. 제2외국어의 습득은 자신과 타인의 문화에 접근하는 데 도움을 주고, 더 높은 수준의 사고력을 쌓을 수 있게 한다. 언어 습득은 아래와 같은 교육목표를 가진다.

- 모국어 및 문화유산의 유지관리를 지원하며 추가 언어 숙달
- 다양한 언어 및 문화유산에 대한 존중과 이해 함양
- 추가 언어 학습, 연구, 업무 및 여가활동 그리고 다양한 청중과 목적에 필요한 의사소통 능력 개발
- 멀티미디어와 같은 다양한 학습 도구를 사용하여 다중언어 기

술을 개발

- 다양한 문학과 비문학에 대한 감상력 개발
- 언어를 다른 과목에서 사고, 반성, 자기표현, 학습의 수단으로 사용하고, 읽고 쓰는 능력을 높이기 위한 도구로 사용
- 언어의 본질과 문화, 사회적 요소의 통합을 구성하는 언어학습 과정 이해
- 언어가 사용되는 지역사회의 문화적 특성에 대한 통찰력 제공
- 자신과 다른 문화권 사람들의 관점에 대한 인식과 이해를 장려하여 자신과 다른 공동체에서의 관여와 행동 유도
- 언어 학습에 대한 호기심, 탐구, 평생의 흥미와 즐거움 증진

개인과 사회

개인과 사회는 지리학, 역사, 정치사회학, 경제학, 철학, 사회학, 법학, 심리학 등의 여러 분야를 포함한 과목군이다. 이 과목 그룹에서 학생들은 역사적, 지리적, 정치적, 사회적, 경제적 요소들이 개인, 사회, 환경에 어떻게 영향을 미치는지에 대해 학습한다. 이를 통하여 학생들은 여러 관점에서 문제를 바라볼 수 있게 되고, 문화 간의 차이에 대한 인식도 발전시키게 된다. 즉 학생들이 활동적이고 책임감 있는 글로벌 시민이 될 수 있도록 분석적인 사고와 명확한 의사소통능력을 기르는 것이 중심 목표다. 개인과 사회 과목의 교육목표는 다음과 같다.

- 인간과 환경의 공통점과 다양성의 범위 이해
- 서로 다른 맥락에서 개인, 사회, 환경의 상호작용과 상호의존성 이해
- 시간 경과에 따라 환경 및 인간 체계가 각각 어떻게 작동하고 진화하는지 이해
- 인간 및 환경적 복지에 대한 관심 파악 및 개발
- 책임감 있는 글로벌 시민으로서의 행동
- 효과적인 조사 기술 개발을 통해 인문학의 개념적 이해 달성

수학

MYP 과정에서는 학생들이 수학의 원리와 본성에 대한 호기심을 가지고 이에 대한 이해를 발전시킬 수 있도록 한다. 이 과목을 통하여 복잡한 수학 문제를 해결하는 데 필요한 기술을 배우고 이를 실생활의 넓은 범위로 옮길 수 있게 되며, 수학의 보편성과 다문화적, 역사적 관점에 대한 인식을 통해 수학의 국제적 차원에 대해 이해하게 된다. 학생들은 6학년부터 10학년까지 통계학과 확률, 대수, 기하학, 삼각법을 공부한다. 교육목표는 다음과 같다.

- 수학을 즐기게 하고 호기심을 키움
- 수학의 원리와 본질 이해
- 다양한 맥락에서 명확하고 자신감 있게 소통
- 논리적, 비판적, 창조적 사고력 및 문제 해결을 위한 인내와 끈

기 개발

- 실생활, 기타 지식 영역 및 미래 개발 등 광범위한 상황에 적용
- 기술과 수학의 발전이 서로에게 끼친 영향 이해
- 수학자의 업무와 수학의 응용에서 발생하는 도덕적, 사회적, 윤리적 의미 평가
- 수학의 보편성과 그 다문화적, 역사적 관점에 대한 인식을 통해 수학의 국제적 차원 평가
- 다른 지식 분야에 대한 수학의 기여를 높이 평가
- 수학의 추가 연구를 추진하는 데 필요한 지식, 기술 및 태도 개발

과학

과학은 학생들이 연구 기반의 조사를 수행함으로써 과학적 지식과 이해를 얻고, 적절한 데이터 수집도구를 사용하며 결론을 도출하기 위해 증거를 평가할 수 있도록 한다. 학생들은 다양한 형식의 과학 언어를 사용하여 과학적 발견을 언어적, 시각적으로 소통하는 법을 배우게 된다.

이 과정은 학생들이 생물, 화학, 물리학, 지구과학, 천문학, 환경과학의 여러 개념에 대한 이해를 증진하고, 과학과 기술의 실행 및 사용에 대한 도덕적, 윤리적, 사회적, 경제적, 문화적, 환경적 의미에 대한 인식을 발전시키도록 한다. 과학은 아래와 같은 교육목표를 두고 있다.

- 과학과 그 의미를 이해하고 제대로 인식
- 과학을 여러 혜택과 한계를 가진 인간의 노력으로 간주
- 의문을 제기하고, 문제를 해결하는 분석적이고 탐구적이며 유연한 사고방식의 배양
- 설명 및 논쟁의 판단
- 조사를 설계하고 수행하는 능력 개발, 증거 평가 및 결론 도출
- 효과적으로 협력하고 소통해야 할 필요성에 대한 인식 구축
- 언어 능력과 지식을 다양한 실생활의 맥락에서 적용
- 유·무생 환경에 대한 인식 확대
- 학습 경험의 반영 및 정보에 기반을 둔 의사결정

체육과 보건

체육과 보건 교육은 학생들이 평생 동안 건강하고 활동적인 생활을 촉진하는 다양한 즐거운 체육활동에 참여할 것을 강조한다. 테니스, 배구, 수영, 축구, 농구, 체조, 원반 던지기 등과 함께 다양한 많은 활동을 포함한다. 이 과목에서 학생들은 운동 기술과 원칙, 개인의 건강 및 신체적 능력, 안전/부상 예방 전략을 배우게 되며 생명구조, 윤리, 스포츠의 사회학, 위험관리와 관련된 문제를 조사하고 목표 설정, 의사소통 및 사회적 기술 개발을 위한 활동에 참가하게 된다. 이 과목의 교육목표는 다음과 같다.

- 질의를 이용하여 신체 및 보건 교육 개념 탐구

- 다양한 맥락에 효과적으로 참여
- 신체적 활동의 가치 이해
- 건강한 생활습관 달성 및 유지
- 효과적인 협력 및 소통
- 긍정적인 관계를 구축하고 사회적 책임 증명

디자인

디자인 과목은 지식, 기술 및 설계 원리를 문제 해결 맥락에서 통합하는 학습 모형을 기반으로 한다. 이를 통해 설계와 기술에 대한 지식 획득에서 멈추지 않고, 새로운 경험에 어떻게 적응하고 적절한 기법을 통해 문제에 접근하며 중요 요소를 식별하여 가장 좋은 해결책을 개발할 수 있는지 배우게 된다.

특히 디자인 주기는 이 과목의 핵심 요소이며 이론뿐만 아니라 실제 조사 작업에서도 이 과정을 활용하게 된다. 학생들은 다양한 과제를 연구하고 자신의 해결책을 계획, 개발, 평가하는 도구로 디자인 주기를 사용하는 방법을 배운다. 디자인은 아래와 같은 교육 목표를 두고 있다.

- 디자인 과정을 즐기고 이해
- 문제 해결책을 설계하기 위한 다양한 분야의 지식, 이해, 기술 개발
- 문제 해결의 수단으로 기술을 효과적으로 활용하고 적용하기

- 디자인 혁신이 생활, 글로벌 사회, 환경에 미치는 영향에 대한 인식 개발
- 문화적, 정치적, 사회적, 역사적, 환경적 맥락 안에서 과거와 현재의 디자인, 새롭게 떠오르는 디자인 감상
- 타인의 관점에 대한 존중심을 키우고 문제에 대한 대안적 해결책을 높이 평가

예술

예술 과목군에서 학생들은 음악, 드라마, 시각예술 등 다양한 예술 분야를 탐구하게 된다. 이 과목은 아래와 같은 교육목표를 가진다.

- 예술 창작 및 발표
- 학문 분야별 기술 개발
- 창조적 탐구 과정과 자기 발견 과정에서의 참여
- 예술 사이의 관계 및 맥락 이해
- 예술에 대한 반응과 성찰
- 세계에 대한 이해 발달

예술 과목의 수행

학생들은 예술 이론가와 종사자들의 연구를 통하여 예술 형식의 미학을 발견하고 전문화된 언어로 분석하고 의사소통할 수 있게 된다. 포괄적 맥락에서 예술의 역할에 대한 이해와 함께 작품과 예술

적 관점에 대해서도 배우게 된다. 이를 위해 학생들은 다음과 같은 능력을 갖추어야 한다.

- 개념, 과정, 주제별 사용 등 예술 양식에 대한 지식과 이해 증명
- 본래 맥락 또는 대체된 맥락에서 예술 형식의 역할에 대한 이해 입증
- 습득한 지식을 활용하여 예술 창작 과정에서 예술적 결정을 의도적으로 통지

예술적 기술 개발

기술의 획득과 개발은 예술 형태와 예술 창작 과정에 적극적으로 참여할 수 있는 기회를 제공한다. 기술의 응용은 학생들이 자신의 예술적 아이디어를 실현할 수 있게 하며, 이를 위해 학생들은 다음과 같은 능력을 갖추어야 한다.

- 예술 형식의 기술과 기법의 획득 및 개발 시연
- 예술을 창작, 공연 또는 전시하기 위한 기술과 기법의 응용 및 시연

예술적·창의적 사고의 함양

예술은 학생들로 하여금 호기심을 갖고 그 경계를 탐구하며 도전하게 하는데, 특히 창의적 사고를 통해 자신의 예술적 의도, 과정 등

을 탐구하고 혁신적인 방법으로 실험할 수 있도록 장려한다. 이를 위해 학생들은 다음과 같은 능력을 갖추어야 한다.

- 실현 가능하고 명확하며 상상력이 풍부하고 일관성 있는 예술적 의도 개발
- 창조적 사고방식의 범위와 깊이 입증
- 예술적 의도를 구현하기 위한 아이디어의 탐구 실현

MYP의 평가제도

8개의 성취도 수준(1~8)을 가지고 평가하며, 교사는 다시 4개의 범위로 나누어 학생들의 성적을 평가하게 된다.

평가 기준 A : 과목별 기초교육

학생들은 MYP의 주제 그룹 목표에 따라 정해진 과목별 기초교육의 개념과 기술을 이해해야 한다. 이러한 과목별 기초교육은 학제 간 이해의 토대를 제공한다.

평가 기준 B : 상황 종합

학생들은 현상을 설명하거나 제품을 만들기 위해 관련 아이디어, 문제 및 과제에 대한 조사를 제공하는 방식으로 둘 이상의 학문의 지식을 통합한다.

평가 기준 C : 의사소통

학생들은 자신의 질문에 대한 결과를 설명하기 위해 의사소통 형식과 전략을 선택하고 통합 또는 혁신하며, 다양한 청중들과 효과적이고 책임감 있게 의사소통할 수 있는 능력을 개발한다.

평가 기준 D : 반영

특정 분야에서의 학문적 역할, 상대적 기여도 평가, 강점과 한계를 평가한다. 이를 통해 학생들은 지식의 다양한 영역을 탐구하고, 과목별 범위를 넘어 이해하게 된다.

MYP 개인 프로젝트

MYP 개인 프로젝트란 무엇인가?

MYP 개인 프로젝트는 10학년 초에 시작되며 학생 주도로 진행된다. 개인 프로젝트의 목표는 학생들이 다음과 같은 항목을 실행하고 갖출 수 있도록 장려하는 것이다.

• 프로젝트의 전체 맥락 내에서 지속적이고 자기 주도적인 질의 및 연구 진행에 참여
• 심도 있는 조사를 통해 창의적인 새로운 통찰력을 창출하고 더 깊은 이해 함양
• 장기간에 걸쳐 프로젝트를 완성하는 데 필요한 기술, 태도 및

지식 입증

- 다양한 상황에서의 효과적인 소통
- 학습 과정 또는 학습의 결과를 통하여 책임감 있는 행동 증명
- 배움의 과정을 평가하고 자신의 성과와 성장을 성찰

MYP 개인 프로젝트 글로벌 맥락의 6가지 주제

MYP 학생들은 글로벌 맥락과의 연관성을 고려하여 개인 프로젝트의 주제를 선정하게 된다. 따라서 프로젝트에 대한 심도 있는 이해를 위해서는 IB에서 제시하는 글로벌 맥락의 주제에 대해 이해할 필요가 있다. 글로벌 맥락의 주제는 크게 6가지 범주로 설명된다.

나는, 우리는 누구인가?

가능한 탐구 영역

- 경쟁과 협력 : 팀, 소속 및 리더십
- 정체성 형성과 자존감, 역할 및 롤 모델
- 개인적 효능감, 행복과 좋은 삶
- 신체적, 심리적, 사회적 발전, 건강과 웰빙
- 인간의 본성과 존엄성, 도덕적 추론과 윤리적 판단 : 의식과 마음

예시

- 소셜 네트워크의 양면성 : 디지털 시민권과 사이버 폭력에 대

한 인식 캠페인

- 온라인 정체성이 오프라인 관계에 미치는 영향 : 연구논문
- 음식의 전통 살리기 : 가족 레시피에 따른 요리 영상
- 대중매체가 10대들의 정체성에 미치는 영향 : 단편영화

'어디'와 '언제'의 의미는 무엇인가?

시간과 공간의 방향

- 문명 및 사회의 역사, 유산, 순례, 이주, 이동 및 교류
- 시대의 전환점과 중요한 역사적 사건
- 규모, 기간, 빈도 및 변동성
- 사람, 경계, 교류 및 상호작용
- 자연 및 인적자원
- 진화, 제약, 적응
- 유클리드 기하학의 공간 관점으로 보는 우주 : 3차원 모델 제작
- 새로운 세상을 찾는 탐색가들 : 시각자료를 통한 시대별 이주
- 한국 왕조 연구 : 연구·사진 에세이, 미니어처 제작
- 기록보관소 및 대표 예술작품을 통한 가족사 차트 작성

창조적 표현의 본질과 목적은 무엇인가?

개인 및 문화의 표현

- 예술품, 공예품, 창조 및 아름다움
- 상품 및 제도

• 현실의 사회적 구성, 철학과 생활방식, 의식과 놀이
• 비판적 식자, 언어 및 언어 시스템, 학문의 역사
• 상위인지 및 추상적 사고
• 기업가 정신, 실천력 및 역량

예시

• 문화 표현의 한 형태인 비디오 게임 : 5개의 비디오 게임을 이용한 단편영화로 학생들이 속한 문화의 표현방식 보여주기
• 일본 문화에서의 만화 : 일본 애니메이션에 대한 학생들의 이해도 조사
• 춤을 통한 문화 및 자기 표현 : 지방예술회관 공연

우리는 우리가 사는 세상을 어떻게 이해할 수 있을까?

과학과 기술의 혁신

• 시스템, 모형, 방법 : 제품, 과정 및 해결책
• 적응력, 독창성 및 진보성
• 기회, 위험, 결과 및 책임
• 현대화, 산업화 및 공학기술
• 디지털 라이프, 가상 환경 및 정보화 시대
• 생물적 혁명
• 수학적 퍼즐, 원리 및 발견

예시

- 나노섬유로 더 튼튼한 자전거 제작 : 시제품 자전거 만들기
- 반물질은 무엇이 문제인가? : 정보 제공 토론 혹은 발표회
- 유전학이 건강에 중요한 이유는 무엇인가? : 언론 발표
- 슈퍼 히어로의 과학적 생존력 : 조사보고서 및 관련 자료

모든 것이 어떻게 연결되어 있는가?

세계화와 지속 가능성

- 시장, 상품 및 상업화
- 인간이 환경에 미치는 영향
- 공통성, 다양성, 상호연관성
- 소비, 보존, 천연자원 및 공공재
- 인구 및 인구 통계
- 도시계획 및 사회기반시설
- 개도국의 수도 개발의 어려움 : 캠페인 진행
- 유럽 및 유럽경제공동체의 경제 위기가 한국 및 기타 아시아 시장에 미치는 영향
- 열대우림 보호에 있어서 개발도상국의 역할

인류 공동체의 결과는 무엇인가?

공정성과 발전

- 민주주의, 정치, 정부 및 시민사회

- 불평등 및 격차
- 인적 능력과 발전 : 사회적 기업가
- 권리, 법률과 시민적 책임
- 정의, 평화 및 갈등 관리
- 권력과 특권
- 권한, 보안 및 자유
- 희망찬 미래의 기대
- 공정거래 지지 : 교내 캠페인
- 개방적 시장경제와 공정거래에서의 역할
- 인종과 불평등의 교차점 탐구 : 라디오 방송

자기평가와 기록

MYP 개인 프로젝트 완료 후 학생들은 다음의 질문들을 통해 프로젝트 수행 전반에 걸쳐 자기평가를 하게 되고, 프로세스 저널을 기록한다.

조사하기

- 개인적인 관심사가 목표 선택에 어떤 영향을 주었는가? 관련된 글로벌 맥락의 주제는 무엇이며 왜 그것을 선택했나? 스스로의 목표와 글로벌 맥락 주제의 관계는 무엇인가?
- 어떤 관련 사전지식을 가지고 있었는가?

- 조사를 통해 새롭게 이해한 것은 무엇인가?
- 어떻게 계획을 세우고 연구를 수행했나?
- 어떠한 자료를 사용했나?
- 사용한 자료가 신빙성이 있다는 것은 어떻게 알았나? 그 자료는 정확하며 프로젝트 주제와 관련이 있는가?

계획하기

- 스스로의 기준은 무엇이었나?
- 왜 그 기준을 선택했는가?
- 그 기준은 엄격한가?
- 프로젝트를 완료하기 위해 작업하면서 사용한 단계별 과정과 시간 범위를 설명해보자.
- 부록에 수록한 특정 프로세스 저널 발췌문을 참조하자.
- 시간과 자료를 어떻게 효과적으로 관리했는가?
- 프로젝트 수행 과정에서 어떤 장애물을 경험했는가?
- 그 장애물은 어떻게 처리했나?

실행하기

- 프로젝트의 결과물이 스스로 선택한 글로벌 맥락의 주제를 어떻게 반영하고 있는가?
- 왜 이 특정 제품·결과를 통해 학습 결과를 표현하려 했는가?
- 프로젝트 안에서 어떻게 공동작업을 했는가?

- 제품·결과가 어떻게 새로운 아이디어와 다른 관점을 반영하는가?

성찰하기

- 제품·결과가 스스로 개발한 각각의 기준을 어떻게 충족하는가?
- 어떻게 하면 새로 배운 지식을 삶과 학업의 다른 분야로 옮길 수 있는가?
- 프로젝트를 완성하는 것이 주제에 대한 지식과 이해를 어떻게 확장시켰는가?
- 프로젝트를 완료하는 것이 자신이 선택한 글로벌 문맥에 대한 지식과 이해를 어떻게 확장시켰는가?
- 프로젝트 기간 동안 어떤 IB 학습자상의 특성을 개발했는가?

개인 프로젝트가 그룹 활동을 포함하는 경우, 학생들은 개인 프로젝트의 모든 단계에서 자신의 기여를 명확하게 보여주는 개별 보고서를 작성하고, 평가를 위한 보고서를 제출할 때 다음의 항목을 포함해야 한다.

- 개인 프로젝트 커버 시트
- 학문적 정직성 자기평가서
- 프로세스 저널 발췌록

학생들은 프로세스 저널에서 해당되는 증거를 신중하게 선택하여 모든 기준에서의 성장을 입증해야 한다. 프로젝트의 주요 개발 사항을 나타내기 위해 최대 10개의 개별 발췌록을 선택할 수 있는데, 이를 통해 각각의 목표를 어떻게 다루었는지 증명한다. 이 발췌록은 보고서의 부록으로 제출되며, 1부터 10까지 번호를 매겨 학생들이 제출하는 보고서 내에 학습의 증거로 참조된다.

PYP 교과과정

PYP란 무엇인가?

1997년부터 운영된 PYP(Primary Years Program)는 만 3~12세 학생들의 국제 교육을 위해 특별히 설계된 교과과정으로 2018년 11월 기준으로 109개 나라의 1,652개의 학교에서 이 과정을 채택·운영하고 있다.

PYP의 초학문적 주제

PYP 교사들은 학생들의 필수 지식과 기술 습득의 균형, 긍정적 태도 및 책임감 있는 행동의 구현 등을 위해 6개의 초학문적 주제

| PYP의 학습 |

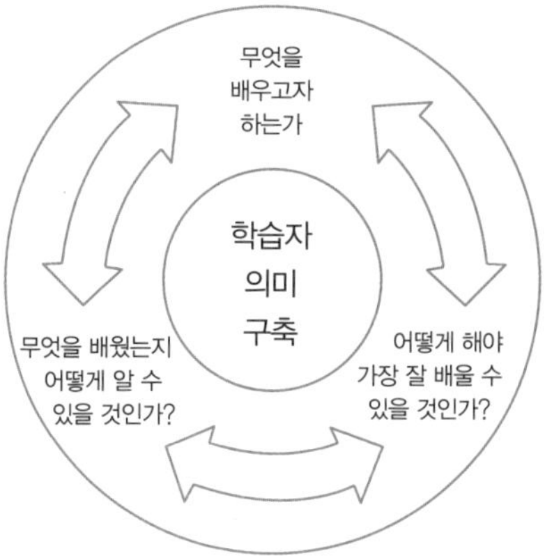

안에 통합학습을 진행한다.

- 우리는 누구인가 : 자신의 성격, 신념과 가치관, 개인적·신체적· 정신적·사회적·영적 건강, 가족·친구·공동체 문화를 포함한 인간관계, 권리와 책임, 인간의 의미 탐구
- 우리가 속한 공간과 시간 : 시공간적 지향성, 개인사, 가정과 여정, 인류의 발견·탐험·이주, 지역적·국제적 시각으로 본 개인과 문명의 관계 및 상관성 탐구
- 우리는 어떻게 자신을 표현하는가 : 생각·감정·자연·문화·신념·가치관을 발견하고 표현하는 방법, 창의성에 대해 깊이 있게 생각하고 확대하며 즐기는 방법, 미학적인 감상법 탐구
- 세계는 어떻게 움직이는가 : 자연세계와 법칙, 물리적·생물적 자연세계와 인간사회의 상호작용, 인간이 과학 원리를 이해하

| PYP의 학습 회로(Learning Cycle) |

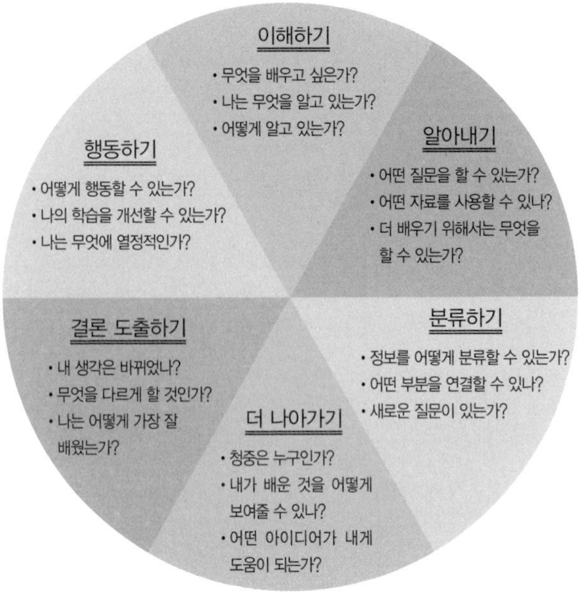

여 이용하는 방법, 과학기술 발전이 사회와 환경에 미치는 영향 탐구

• 우리는 어떻게 자신을 구성하는가 : 인간이 만든 제도와 공동체의 상관성, 조직의 구조와 기능, 사회적 의사 결정, 경제활동과 이러한 경제활동이 인류와 환경에 미치는 영향 탐구
• 우리 모두의 지구 : 한정된 자원을 타인·다른 생물과 공유할 때의 권리와 책임, 공동체와 그 내부 관계 및 공동체 간 관계, 기회 균등, 평화와 갈등 해결 탐구

위와 같은 주제를 바탕으로 학생들은 언어, 수학, 과학, 사회, 예

술, 인성·사회성 교육과 체육 과목들을 학습하게 된다. 또한 개념, 기술, 태도, 행동, 지식이라는 필수요소를 통합하여 교육하고 있다.

PYP 과목군

언어

구어 : 듣기와 말하기

구어는 듣기와 말하기의 모든 측면을 포함하며 타인과의 관계에 필수적인 기술인 소통언어 개발 및 학습을 의미한다. 듣기(수용 모드)와 말하기(표현 모드)는 청자와 화자 간의 소통 과정에서 함께 작동하며, 청취는 단순한 청력 이상을 의미한다. 귀로 듣는 것을 이해하기 위해서는 적극적이고 의식적인 관심이 필요한데, 목적을 가진 말은 학습자가 주위의 세계를 이해하기 위해 의미를 구성하거나 재구성할 때 생각을 분명히 할 수 있게 해준다.

이와 같이 구두 언어는 청중 및 목적에 따라 특정 유형의 언어를 인식하고 사용하는 것을 의미하며, 예를 들어 집에서 사용하는 언어, 교실 언어, 놀이 언어, 탐구 언어, 또래와의 대화, 다른 세대의 언어, 다른 시대와 장소의 언어 등을 포함한다.

시각 언어 : 보기 및 프레젠테이션

시각 언어의 예로는 광고, 브로슈어, 컴퓨터 게임 및 프로그램, 웹 사이트, 영화, 포스터, 간판, 로고, 깃발, 지도, 차트, 그래프, 다이

어그램, 삽화, 그래픽, 만화 등이 있다.

이러한 시각 언어 자료들을 해석·이해 및 사용하는 것은 귀중한 삶의 기술이며 이와 연관된 지식의 습득은 사회에 강력한 영향을 미친다. 시각적 이미지가 의미에 어떤 영향을 미치는지 그리고 어떻게 우리가 생각하고 느끼는 방식을 형성하는지를 배우는 것이 중요하다.

학생들은 이미지의 기능과 구조를 탐구하며 다양한 시각 언어를 쉽게 분석할 수 있게 된다. 다양한 시각 언어를 이해하고 사용하는 법을 배우는 것은 정보 습득 능력과 표현 능력을 확장시킨다.

문어 : 읽기

읽기는 텍스트로부터 의미를 구성하는 발전 과정이며 독자의 목적 및 사전지식과 경험, 텍스트 자체의 상호작용을 포함한다. 읽기의 발전은 학습자들이 여러 독서 자료를 이해하려 노력하고 관심을 가질 때 일어나는데, 학부모와 교사는 그림책이나 삽화 자료를 제공하여 어린 학습자들이 더욱 관심을 가지도록 할 수 있다. 모든 연령대의 학습자들은 흥미롭고 유익하며 창의적인 다양한 독서 자료를 경험하고 즐기며 열정과 호기심을 개발하게 된다.

평생의 독서 습관을 개발하기 위해서는 다양하고 수준 높은 소설과 비소설을 마주하는 시간이 길어야 한다. 흥미롭고 정보력 있는 텍스트를 통해 학생들은 단계적으로 성장하고 발전할 수 있으며, 동시에 능력 있고 의욕적이며 자립적인 독자가 되기 위해 필요한 기술, 전략, 개념을 습득한다.

쓰기 언어 : 글쓰기

글쓰기는 우리 자신을 표현하는 방법이며, 개인과 함께 성장하고 발전한다. 어린 학생들의 글쓰기부터 전문 작가들의 문장 표현까지, 글쓰기는 우리의 생각과 정보를 정리하고 소통할 수 있게 해주는 방법이다.

글쓰기는 주로 의미와 의도를 전달하는 것과 관련이 있으며, 학생들은 글쓰기를 통해 스스로를 표현하고 자신의 목소리를 낼 수 있다. 글쓰기의 기본 목적은 진실을 전달하는 의사소통 욕구에 있기 때문에, 다른 사람들이 감상할 수 있는 방식으로 메시지를 공유했다면, 작가의 의도는 달성된 것이라고 볼 수 있다.

글쓰기에는 다양한 구조, 전략, 문학 기법(말하기, 문법, 줄거리, 성격, 구두점, 음성)이 포함되는데, 정확성과 기술보다는 자신의 의사를 전달하고 의미를 공유하는 능력이 더 중요하다. 정확성과 기술은 의미 있는 의사소통을 만드는 과정에서 발달할 수 있기 때문이다. 학생들은 글쓰기를 통해 글을 배우며, 자신의 생각을 글의 형태로 공유하는 과정에서 그 기술을 더욱 개발하고 다듬어 더 효과적인 의사소통을 할 수 있다.

수학

자료 처리

자료 처리 과정은 우리가 알고 있는 것을 요약하거나 모르는 것에 대해 추론할 수 있게 해준다. 이 과정에서 데이터는 유사점, 차

이점 및 추세를 강조하기 위해 다양한 방법으로 수집, 정리, 표현 및 요약될 수 있으며 이때 편향이나 왜곡 없이 정보를 설명해야 한다. 확률은 '비슷하지 않다', '확실하다' 또는 '불가능하다'와 같은 용어를 사용하여 질적으로 표현하거나 수치적 척도를 사용하여 양적으로 표현할 수 있다.

측정

측정은 선택한 단위를 이용하여 수량에 숫자를 붙이는 것이다. 측정 시에는 숫자 사이에 떨어지는 수량을 처리하는 방법을 찾아야 하며 측정이 얼마나 정확해야 하는지 아는 것이 중요하다.

모양과 공간

자연 공간의 영역, 경로, 경계는 형태별로 설명할 수 있다. 형상의 상호관계를 이해함으로써 우리의 2차원(2D)과 3차원(3D) 세계를 해석하고 이해하며 감상할 수 있다.

패턴과 기능

패턴을 확인하는 것은 수학이 우리가 살고 있는 세계에 어떻게 적용되는지 이해하는 시작이 된다. 패턴의 반복적인 특징은 '기능'이라고 불리는 일반화된 규칙으로 식별되고 기술될 수 있다. 이것은 나중에 대수학을 연구할 수 있는 토대를 구축한다.

수에 대한 이해

우리의 숫자 체계는 수량과 수량 사이의 관계를 기술하기 위한 언어다. 예를 들어 숫자로 귀속되는 값은 기준 시스템 내의 위치에 따라 달라진다.

수는 정보를 해석하고, 결정을 내리고, 문제를 해결하기 위해 사용된다. 예를 들어 덧셈, 뺄셈, 곱셈, 나눗셈 등의 연산은 서로 밀접하게 연관되어 있으며, 문제를 해결하기 위해 정보를 처리하는 데 사용된다. 계산에 필요한 정밀도는 결과를 어떻게 사용할지에 따라 달라진다.

과학

끊임없이 변화하고 발전하는 과학 과목에서 학생들은 자연계의 생물학적, 화학적, 물리적 측면 그리고 그들 사이의 관계를 탐구하게 된다. 이 과목에서 학생들은 과학적인 관점으로 세계를 바라보는 법을 배우게 되는데, 이는 호기심과 독창성을 장려하고 세계에 대한 이해를 발전시킨다.

과학적 지식에 대한 반성은 또한 학생들이 자신과 타인 그리고 세계에 미치는 영향에 대한 책임감을 키워가는 데 도움을 준다.

사회

사회 과목은 학생들이 점점 더 세계화되어가는 사회에서 자신과 타인의 위치를 더 깊이 이해할 수 있도록 하며 인간의 행동을 현실적·객관적으로 바라보고 생각할 수 있는 기회를 제공한다.

사회에 대한 노출과 경험은 삶과 학문에 관한 주요 질문의 문을 열어준다. 과목 내에서 학습하게 되는 학제 간 주제들은 심층적인 탐구 과정의 틀을 제공하는데, 사회는 모든 학제 간 주제와 관련이 있으므로 모든 사회 학습은 이 교과과정의 틀 내에서 이루어진다. 사회는 내용보다는 개념과 기술에 의해 특징지어지는데 PYP 과정에서 사회의 지식 구성요소는 개념 중심적이며 서로 연결되어 있다.

예술

다양한 예술 수업을 통해 학생들은 자신들의 작품과 함께 기존 예술가들의 작품 및 작업 과정을 접하고 비판적 분석, 해석, 평가, 반영과 의사소통의 기술을 발전시키게 된다.

음악 및 시각예술을 통해 학생들은 호기심과 지식에 대한 탐구심을 개발할 수 있도록 다양한 감각 자극에 노출된다. 다른 나라의 전통음악을 배우며 국가 간 문화의 다양성을 깨닫고, 음악적 특징과 요소를 분석하고, 서로 다른 문화권의 음악 작품들을 연결시키는 능력을 배울 수 있다. 또한 협업 작업을 통해 실질적인 소통의 기술을 배울 수 있다.

시각예술 수업에서 학생들은 환경 친화적이거나 지속 가능한 재료에 대해서도 탐구하게 된다. 더 나아가 예술을 통해 의사소통하는 다양한 방법을 배우면서 풍부한 지식과 함께 사려 깊은 태도도 가지게 되는 것이다. PYP 과정에서의 다양한 예술 활동들은 개념학습에 기반을 두고 있으며, 학생들 스스로 탐구해나갈 수 있는 방향성을 제시한다. 이런 예술 과목의 탐구 사이클을 통해 학생들은 적극적인 참여와 선택의 과정을 거치며 주체적이고 유의미한 학습을 하게 된다.

예술은 또한 사회적, 문화적, 정치적, 종교적 가치를 구축, 강화, 도전 및 변화시키는 데 도움을 주는 역할을 한다. 시각예술, 무용 및 음악은 문화 및 국제적 사고에 대한 이해를 높이고, 지역은 물론 전 세계적인 문제를 연결하는 데 사용될 수도 있다. 그래서 이런 다양한 세계의 예술 수업을 접하면서 PYP 학생들은 진정한 미래의 글로벌 시민으로서의 자질을 형성할 수 있게 된다.

인성, 사회성 교육과 체육

인성, 사회성 교육과 체육에서 학생들은 개인의 웰빙에 관심을 갖고 이에 기여하는 개념, 지식, 태도 및 기술의 증진 및 개발을 추구한다. 웰빙은 본질적으로 학생들의 학교생활과 그 이후 경험의 모든 측면과 연관되어 있다. 또한 신체적, 정서적, 인지적, 정신적, 사회적 건강과 발전을 포괄하며, 자아에 대해 이해하고 타인과의 관계를 유지하며 활동적이고 건강한 생활방식을 만드는 데 기여한다.

이 교과목은 PYP 과정에서 필수적으로 국제적인 마인드를 가진 학생과 IB 학습자상에 구현된다. 해당 교과목의 교사들은 모든 활동들을 통해 학생들의 개인적, 사회적, 신체적 발전을 지원할 책임을 가진다.

인성교육

인성교육의 일환으로 학생들은 자신의 신념, 가치관, 태도, 경험이 자아를 어떻게 형성하는지 이해하게 된다. 더 나아가 문화적 영향, 자신의 강점과 한계와 도전의 인식, 변화와 역경의 상황에 성공적으로 대처할 수 있는 능력들을 배운다. 또한 자아와 스스로의 가치에 대한 개념이 어떻게 학습에 영향을 미치는지를 학습하고, 학문에 대한 접근 방식과 다른 사람들과의 상호작용에 대해서도 이해할 수 있게 된다.

사회성 교육

사회성 교육에서 학생들은 더 넓은 세계와 어떻게 상호작용할 수 있는지와 함께 공동체, 사회 그리고 주변 세계와의 관계에서 개인의 행동, 권리, 책임을 학습한다. 또한 환경과 미래 세대를 위한 지구의 관리자로서 인류의 책임에 대해 이해하게 된다.

체육

체육을 통해 학생들은 신체적, 지적, 정서적, 사회적 발전을 촉진하고 개발할 수 있다. 이 과목은 학생들의 건강한 삶에 기여할 수 있는 여러 방법을 제안하고 장려하며, 신체적 활동의 문화적 중요성을 알린다.

| PYP의 전개 |

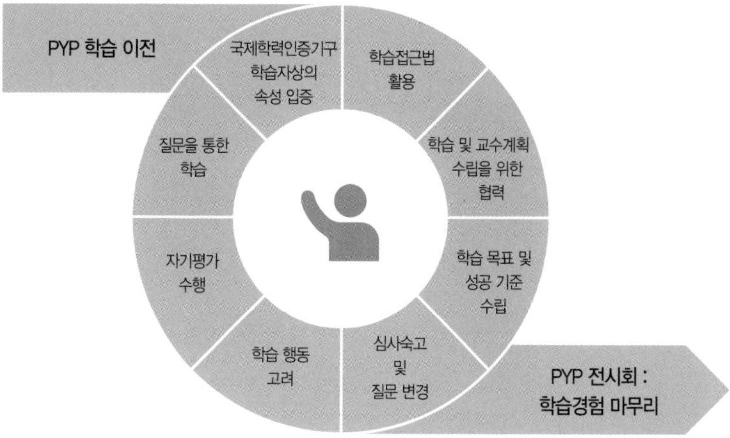
PYP 학습 이전
국제학력인증기구 학습자상의 속성 입증
학습접근법 활용
학습 및 교수계획 수립을 위한 협력
학습 목표 및 성공 기준 수립
심사숙고 및 질문 변경
학습 행동 고려
자기평가 수행
질문을 통한 학습
PYP 전시회 : 학습경험 마무리

PYP 전시회

PYP 전시회는 무엇인가?

PYP 전시회는 살아 있는 배움의 여정으로의 시작이다.

PYP 과정을 마무리하는 단계로 진행되는 PYP 전시회는 학생 및 학부모들에게 유의미한 과정으로 평가되고 있다. 특히 PYP 과정 학생들은 문자를 통한 암기의 학습보다는 오감을 활용한 경험의 극대화를 통해 학습의 효과 및 효율을 극대화할 수 있다는 것을 알고 있다.

PYP 과정을 이수하고 MYP 과정을 시작한 학생들에게 PYP 전시회에 대한 기억은 하나의 배움의 여정으로 자리하고 있다는 것을 알 수 있다. 물론 그들이 기억하는 것은 전시회의 내용 그 자체가 아니라, 교사와 함께 상의하고 친구들과, 때로는 부모님과 같이 발견하고 연구했던 그 과정 전체다. 단순히 교과서를 통해서 암기로만 기억되는 지식이 아니라, 시간이 변해도 잊히지 않을, 살아 있는 지식을 체득하는 배움의 여정이 PYP 전시 프로젝트인 것이다.

PYP 교육은 개념 기반 학습을 토대로 하고 있다. 따라서 전시회 역시 학생들이 가지고 있는 질문을 토대로 프로젝트가 시작될 수 있도록 하고 있다.

PYP 교사가 바라본 전시회의 핵심 목적

PYP 과정은 탐구를 통한 교육이 주를 이루며 교실 수업은 질문을 통해 시작한다. 전시회 역시 학생들의 학습을 향상시키는 학습 도구라 할 수 있다. PYP 교사 전시회의 시작과 끝을 함께하며 학생들의 성장을 목격할 수 있다고 한다.

전시회 준비는 개인 및 그룹 프로젝트로도 진행이 되므로 10대 초반의 학생들에게는 큰 도전이기도 하다. 그러나 많은 학생들이 다양한 글로벌 주제에 관심을 가지고 적극적인 방법으로 자료를 조사하고 협력하며 프로젝트를 진행한다. 각자의 입장에서 경험하게 되는 그룹 작업을 통해서 자기만의 감각을 키워나갈 수 있는 것이다. 전시회 프로젝트가 끝날 무렵에는 학생들 스스로 PYP의 교육 요소들을 자신의 프로젝트에 적용하는 것을 볼 수 있다.

PYP 전시회의 기대효과

PYP에서는 이해를 위한 탐색, 필수 지식과 기술의 습득, 긍정적 태도의 발달 및 행동 기회 사이의 균형을 양성하는 것을 중시한다. PYP의 기본 접근요소인 '탐구'는 학생들이 학습에 활동적으로 참여하고 자신의 행동에 대한 책임을 가지게 하며, 세계에 대한 이해를 자신에게 맞는 방법과 속도로 발전시킨다. 또한 이는 학생들에게 사전지식을 바탕으로 새로운 경험을 통해 학습 의욕을 자극하고 세상이 돌아가는 방식에 대한 모형을 수정·개선하도록 한다.

이 교과과정을 통해 학생들은 책임감 있는 행동을 배우게 되고 나아가 학습의 경험을 넓히거나 더 많은 사회적 영향력을 가질 수 있게 된다. 이러한 PYP 전시회를 통해 각 학생들의 탐구 학습 개념, 학습적 기술 그리고 태도 및 행동적 결과물들을 확인할 수 있다.

PYP 탐구 과정을 주도하는 개념

질문으로 표현된 아래의 8가지 기본 개념은 학생들이 탐구 과정을 주도하고 초학문적 관점을 가지는 데 도움을 준다.

- 형태 : 어떤 형태인가?
- 기능 : 어떻게 작동되는가?
- 원인 : 왜 그렇게 되는 것인가?
- 변화 : 어떻게 변화하고 있는가?

- 연결 : 다른 것들과 어떻게 연결되어 있는가?
- 관점 : 우리의 관점은 무엇인가?
- 책임 : 우리의 책임은 무엇인가?
- 성찰 : 우리는 어떻게 아는가?

PYP에서 학습하는 기술

PYP 과정을 통해 학습할 수 있는 기술들에 대해 살펴보자. 우리는 학생들이 무엇을 배울 수 있기를 원하는가?

자기 관리 기술

- 큰 근육 사용 기술 : 큰 근육을 사용할 수 있고, 그런 움직임이 힘을 발생시키는 주요 요인이 됨을 안다.
- 정밀한 운동 기술 : 근육을 섬세하게 활용하여 정교한 몸의 움직임을 가져올 수 있음을 보여준다.
- 공간 인식 : 자신이나 다른 사람, 대상의 위치에 대해 이해할 수 있다.
- 조직 : 효과적으로 계획하고 수행할 수 있다.
- 시간 관리 : 효과적으로 시간을 적절하게 사용할 수 있다.
- 안전 : 자신이나 타인을 위험에 빠뜨리지 않거나, 혹은 위험에 처했을 때 신속히 대처할 수 있다.
- 건강한 생활 습관 : 영양적으로 균형을 이루는 법과 적절한 휴

식과 운동, 개인의 위생 등을 배운다.

- 행동 규범 : 그룹에서의 적절한 규칙이나 운영 절차를 이해하고 따를 수 있다.
- 정보에 근거한 선택 : 사실이나 의견을 바탕으로 적절한 행동을 선택할 수 있다.

자료 조사 기술

- 질문하기 : 사람들이 알고 싶어 하거나 알아야 할 사항을 식별하고 탐구하여, 설득력 있는 질문을 제시할 수 있다.
- 관찰 : 모든 감각을 사용하여 관련 세부 사항을 확인한다.
- 기획 : 행동 계획을 수립하고 개요를 작성하며 필요한 정보를 찾는 방법을 고안한다.
- 정보 수집 : 측정, 지도, 여론조사, 설문조사, 직접 관찰, 도서, 영화, 사람 및 전시회와 같이 다양한 출처를 통해 정보를 수집할 수 있다.
- 자료 기록하기 : 관찰을 묘사하고 기록하기, 그림 그리기, 메모하기, 사진 찍기, 차트 만들기, 집계 및 문장 쓰기를 할 수 있다.
- 자료 구성 : 정보를 정렬 및 분류하고 서술 설명, 표, 타임 라인, 그래프 및 다이어그램과 같이 이해할 수 있는 형식으로 데이터를 정렬할 수 있다.
- 자료 해석 : 조직화된 데이터에서 나오는 관계 및 패턴으로부터 결론을 도출할 수 있다.

• 연구 결과 발표 : 적절한 미디어를 선택해서 배운 것을 효과적으로 전달할 수 있다.

의사소통 기술

• 경청하기 : 타인의 의견이나 정보를 주의 깊게 들을 수 있다.

• 말하기 : 명확하게 말하면서 크고 작은 그룹에서 자신의 의견 및 생각을 논리적으로 명확하게 표현하며 전달할 수 있다.

• 독서 : 정보와 즐거움을 위한 다양한 출처를 읽고, 읽은 내용을 이해하고, 추론하고 결론을 도출할 수 있다.

• 글쓰기 : 정보 및 관찰 기록, 메모 및 의역해서 말하기, 요약하기, 보고서 작성 및 저널 또는 기록을 정리할 수 있다.

• 비언어적 의사소통 : 시각적인 것을 포함한 역동적인 의사소통의 의미를 인지할 수 있다.

사회적 기술

• 책임을 수락하기 : 적절한 방식으로 책임을 수행하고 완료하며, 책임의 공유를 기꺼이 받아들일 수 있다.

• 타인을 존중하기 : 타인의 이야기를 민감하게 경청하고, 공정하고 평등한 의사결정을 내리며, 타인의 신념, 견해, 종교 및 아이디어가 나와 다를 수 있음을 알고, 타인에게 해를 끼치지 않고 자신의 견해를 표명할 수 있다.

• 협력 : 그룹 내에서 협력하고, 다른 사람들에게 예의 있게 행동

하며, 자료를 공유하고, 서로 도울 수 있다.

- 갈등 해소 : 다른 사람들을 주의 깊게 경청하고 타협하며, 상황에 합리적으로 대응하고, 적절하게 책임을 수락하고 공정하게 진행할 수 있다.
- 그룹 의사결정 : 다른 사람들의 말을 듣고, 아이디어를 토론하고, 질문하고, 합의를 이끌어낼 수 있다.
- 다양한 그룹 역할 채택 : 주어진 상황에서 어떤 행동이 적절한지를 이해하고 그에 따라 행동하며, 일부 상황에서는 리더가 되거나 다른 사람을 도와주는 구성원이 될 수 있다.

사고하는 기술

- 지식 습득 : 구체적인 사실, 아이디어 및 어휘를 습득하고 유사한 형태로 기억할 수 있다.
- 이해력 : 학습 자료의 의미를 파악하고 학습한 내용을 해석하여 타인에게 전달할 수 있다.
- 응용 기술 : 이전에 습득한 지식을 실제로, 또는 새로운 방식으로 사용할 수 있다.
- 분석 : 지식 또는 아이디어를 분리하고, 구성 요소로 분리하고, 관계를 보고, 고유한 특성을 찾을 수 있다.
- 합성 : 부품을 조합하여 전체를 만들고, 디자인하고, 개발하고 혁신할 수 있다.
- 평가 : 선택된 기준, 표준 및 조건에 따라 판단하거나 결정을

내릴 수 있다.

- 변증법적 사고 : 동시에 2가지 이상의 다른 관점에 대해 생각하고, 두 관점 모두를 이해하며, 다른 관점에 대한 견해에 근거하여 논점을 구성할 수 있고, 다른 사람의 견해를 받아들일 수 있음을 깨달을 수 있다.
- 메타인지 : 자기 자신과 타인의 사고 과정을 분석하고 사고방식에 대해 생각할 수 있다.

PYP의 학습적 태도

PYP를 통해 학생들이 무엇을 가치 있다고 느끼고 전달하기를 원하는가?

- 감사하기 : 세계와 그 구성원들의 아름다움에 감사할 수 있다.
- 헌신하기 : 자신의 학업에 헌신하고, 끈기 있게 행동하며, 자기 훈련에 책임을 다할 수 있다.
- 자신감 : 학습자로서의 능력에 대한 확신과 위험을 감수하는 용기를 가지며, 배운 것을 적용하고, 적절한 결정과 선택을 할 수 있는 태도를 취할 수 있다.
- 협력 : 상황에 따라 협조, 선도 혹은 협력할 수 있다.
- 창의력 : 문제 및 딜레마에 대한 접근 방식에서 창의적인 상상력을 발휘할 수 있다.
- 호기심 : 학습의 본질과 함께 세계 그리고 다양한 민족과 문화

에 대해 호기심을 가질 수 있다.

- 공감력 : 자신의 생각, 추론 및 감정을 이해하기 위해 상상력을 발휘하여 스스로를 다른 사람의 상황에 투영할 수 있다.
- 집중 : 배움을 즐길 수 있다.
- 독립성 : 독립적으로 행동하고, 합리적인 원칙에 근거하여 판단을 내릴 수 있다.
- 정직성 : 공정성 및 정직성을 갖춘 확고한 성실성을 가진다.
- 존중 : 자신과 타인, 주변 세계를 존중할 수 있다.
- 관용 : 세계의 차이와 다양성에 대한 인정과 타인을 배려하는 마음을 가질 수 있다.

PYP 행동적 제시

학생들은 늘 자기성찰을 통해 스스로의 학습과 행동을 반성하고, 올바른 정보에 근거를 둔 합리적인 선택을 할 수 있어야 한다. 이와 더불어 다른 학생들과 교사, 나아가 지역사회를 도울 수 있는 행동을 해야 한다.

IB의 PYP 교육은 단순한 지식인의 양성을 넘어 사회적으로 책임감을 가진 학습자를 길러내야 한다고 믿는다. 다시 말해, 성공적인 탐구로 시작된 배움이야말로 결과뿐만 아니라 학생들의 책임감 있는 행동으로 이어질 것이라는 신념이 적용되고 있다. 그리고 이러한 신념이 각 연령대 내에서 다르게 적용되어 나타나고, 각각의 학생들에게 체득되어 그들이 실천하는 학습자로 성장하기를 기대하는 것이다. 또한 이는 학생들의 학습에뿐만 아니라 더 넓은 부분에까지 사회적 영향을 미칠 수 있다.

교사 기고_

국제학교에서 만난 학생들을 말한다

저는 수학 교사로 미국의 공립학교와 사립학교, 한국 외 다른 나라의 국제학교에서 일했습니다. 그리고 지금은 제주의 한 국제학교에 재직 중입니다. 한국 교육에 대한 저의 깊은 관심은 제가 한국인과 결혼을 하면서부터 시작되었습니다. '한국의 교육'은 다른 나라에서도 많은 교사들과 학부모들 사이에서 자주 이야기되는 주제입니다. 또한 한국 학생들이 없는 국제학교를 찾는 것도 어려울 것입니다. 국제학교에서 만나게 되는 한국 학생들에 대한 저의 관점은 오랜 교사 생활뿐만 아니라 학생들과의 직접적인 교류를 통해 형성된 것입니다. 재직 중인 제주 국제학교의 학생들과 제가 가르쳤던 학생들에 대한 짧은 글을 의뢰받았을 때, 쉽지 않은 일이라고 생각했습니다. '짧은 글'을 쓰는 것이 저의 스타일이 아닐 뿐만 아니라 제가 학생들에게서 보는 것들은 각 학교들의 문화와 기대치, 가족 문화, 학생 스스로의 생활을 통해 형성된 뿌리 깊은 습관, 문제해결 능력, 사고방식 등의 굉장히 다양한 요인들의 종합적인 결과라고 굳게 믿고 있기 때문입니다.

저는 국적, 인종, 혹은 학교의 지리적 위치가 학생들에게 큰 영향을 미칠 수 있다고 생각하지 않습니다. 제가 앞서 언급했던 요인들이 오히려 영향을 줄 수 있을 것입니다. 다시 말해 제주 국제학교에서 성공적인 학업성취를 이루는 학생들은, 제주에서 실패한 한국인 학생보다 뉴욕에서 성공한 미국 학생과 더 공통점이 있을 수 있습니다. 또한 국제학교와는 상관없이, 미국 학생들에게 나타나는 더 많은 태도나 성향이 있고, 이와 반면에 한국 학생들을 통해 볼 수 있는 전반적인 태도나 성향도 있습니다. 저는 여기에서 국제학교에서 찾아볼 수 있는 두 가지 차이점을 소개하고자 합니다.

첫째, 미국 학생들은 자신이 좋아하거나 재능이 있다고 생각하는 학과목에 조금 더 에너지와 노력을 투자하고 어렵다고 여겨지는 과목은 소홀히 하는 경향이 있습니다. 이로 인해 미국인들은 미국인이 창의성이 풍부하거나 꿈을 꾸는 사람들이라고 많이 생각합니다. 한국 학생들은 노력에 가치를 두는 경향이 있으며 충분한 노력으로 학업 목표를 달성할 수 있다고 생각합니다. 이로 인해 한국인들은 더 부지런하고 끈기 있게 혹은 결과 지향적인 사고를 하고 있습니다.

두 번째로 미국 학생들은 학습 과정의 초기 단계에서 '왜'에 해당하는 깊은 개념적 이해를 추구합니다. 반면에 한국 학생들은 같은 단계에서 '어떻게'에 해당하는 명확한 과정의 이해를 추구하고 나중에 개념적 이해를 형성하려고 합니다. 저는 수학 교사로서 이러한 차이가 배움의 결과에 큰 차이를 만들어내는 것을 보았습니다. 국적에 관계없이 제가 가르쳤던 가장 성공적인 학생들은 이러한 학습 과정의 중간 지점을 찾을 능력을 충분히 갖추고 있었습니다. 그렇습니다. 개념적 이해는 중요합니다. 그러나 유창성도 중요합니다. 수학에서 초기에 개념을 이해하는 것은 훌륭합니다. 그러나 만약 과정을 처음으로 학습하고, 유창성이 학습된 뒤 개념 이해를 허락하는 방법 역시 좋습니다. 완전하고 다재다능하며 행복한 삶을 누리기 위해서는 열정과 창의력이 매우 중요하지만 덜 유쾌하거나 능력이 부족한 부분에서 성공할 수 있도록 끈기와 결단력을 개발하는 것 또한 매우 중요합니다. 함께 협업할 수 있는 것이 중요하지만, 개성을 소멸시키는 경우에는 그렇지 않습니다. 자신만의 개성을 지닌 사람이 되는 것이 중요하지만, 그것이 공동체에 위협을 야기할 수 있다면 그렇지 않습니다. 다른 많은 분야에서처럼, 균형을 유지하고 여러 관점을 중요시해야 합니다. 국적에 관계없이, 국제학교의 많은 학생들이 이러한 문화적 차이를 연결하며 성공을 거두고 있는 사례를 지켜볼 수 있었습니다.

국제학교만이 문화의 가교를 볼 수 있는 곳은 아닙니다. '창의성'은 한국인들의 여러 블로그와 베스트셀러 책 그리고 미국 차트에서 1위를 차지했던 '1만 시간의 법칙' 혹은 '성장 마인드 셋' 과 같은 책들에서도 인기 있는 단어입니다. 그러나 제주 국제학교에서는 예전보다 이 격차를 해소하기 위해 애쓰는 학생들이 많습니다. 또한 더 불만족스러워하고 있는 학부모님들도 뵐 수 있습니다. 이것은 왜 그럴까요? 제가 박사학위를 시작했던 동기는 정확히 이 질문에서 비롯된 것입니다. 그리고 초기 단계의 저의 리서치와 연구의 일부는 이러한 현상을 이해하는 데 유용할 것입니다.

제주 국제학교의 학생들을 논의하기 이전에, 국제학교의 개념에 대해 이야기하고 어디에서부터 시작되었는지를 간략하게 살펴보면 도움이 될 것 같습니다. '국제학교'의 정의는 다소 애매하지만, 제1차 세계대전 이후 스위스 제네바와 일본의 요코하마에 최초의 국제학교가 설립되었다는 것이 일반적으로 인정됩니다(Sylvester, 2002). 이 학교들의 목적은 전 세계적으로 글로벌화된 시각을 조성하고 평화와 평등을 권장하며 제1차 세계대전으로 이어진 극단적인 민족주의를 피하고자 했습니다. 그러나 초기 국제학교는 서양의 교사들에 의해 서양의 가치를 배우는 서양 학생들로 구성되었습니다. 이러한 국제학교의 재외 이주 거주자의 구성은 최근까지도 비슷한 추세입니다. 1980년대의 국제학교 학생들의 구성은 80%가 부모의 사업으로 인해 국제 이주한 재외 거주 학생들 그리고 학교가 위치한 나라의 자국 학생들 20%로 구성되었습니다(Bunnell, Fertig, & James, 2016). 1980년대부터 국제학교의 학생 비율이 변하기 시작했습니다. 첫째, 아시아에서 '타이거 이코노미'의 급속한 경제성장으로 사업으로 외국으로 이주하는 부모들이 서구권에서 벗어나기 시작했습니다. 그런 다음 이러한 국제학교에 대한 국내 수요가 폭발적으로 증가함에 따라 재외 거주 학생에서 주로 현지 학생으로 구성 비율이 변동했습니다. 30년 후인 2010년 국제학교는 학생들의 약 80%가 현지 학생들이고 20%가 재외 이주 학생들로 구성되고 있습니다.

학생들과의 경험을 이야기하기 위해 장황한 설명을 언급할 수밖에 없었습니다. 왜냐하면 제주 국제학교의 학생들이 처한 글로벌 상황과 분리해서 그들과의 교류를 언급할 수는 없기 때문입니다. 국제학교의 세계는 지금까지 많은 변화를 맞이했지만, 좋은 것이든 나쁜 것이든 대부분의 것이 그대로 유지되었습니다. 학생들은 대부분 서양인 교사들에 의해 자연스럽게 서양의 가치로 구성된 서구의 교육과정을 배우고 있습니다. 학생(그리고 학부모)의 인구 통계만이 변했습니다. 이것은 학생들이 학교에서 배우고 성공하는 것에 어떤 영향을 미칠 수 있을까요?

미국과 다양한 국적의 학생들이 있는 국제학교에서의 교사 경험을 통해 각 학교는 독특하고 지속적인 정체성과 각 학교만의 지배적인 문화를 가지고 있다는 것을 알았습니다. 미국에서 이러한 학교 문화는 대부분 미국 문화를 반영하고 있습니다. 다양한 국적으로 구성된 국제학교에서의 학교 문화는 해당국의 문화 안에 중립적인 독특한 '융합된' 문화가 존재하고 있습니다. 이 지배적인 학교 문화가 느껴질 것이며, 처음으로 전학 온 학생(또는 전임 교사)은 사회적으로 이 문화에 기여하거나 변화시키는 능력을 갖추기 전에 동화의 시간을 필요로 할 것입니다.

제가 말하는 이 문화는 사회적 상호 작용이나 언어를 둘러싸고 있을 뿐만 아니라 학업적인 영역까지도 영향을 미칠 수 있습니다. 다음 질문들에 대해 생각하고, 한 학생과 교사가 어떻게 대답해야 하는지에 대해 반대 관점을 가지고 있다고 상상해보십시오. 교사의 도움을 받을 수 있는 방법은 무엇입니까? 수업 시간에 선생님이나 다른 학생들과 얼마나 교류해야 합니까?

다른 학생들과의 갈등을 해결하기 위해 허용되는 방법은 무엇입니까? 교사가 학생의 잘못을 지적할 때, 학생은 교사의 눈을 봐야 합니까, 고개를 숙여야 합니까? 교사가 말한 의견에 동의하지 않을 때 어떻게 해야 하나요? 개념을 완전히 이해하지 못하고 있을 때 틀린 대답을 해도 괜찮은 건가요?

국제학교에 새롭게 입학하는 학생은 학교의 문화에 적응하고 익숙해지는 데까지 시간이 필요합니다. 그리고 이제 저는 제주와 다른 지역의 학생들의 핵심적인 비교를 해보려고 합니다. 미국의 학교와 다양한 국적의 학생 통계가 있는 국제학교는 학교 문화와 이것을 둘러싼 주변 환경과 기대치에 대해 교사와 대다수의 학생들이 이해하고 있습니다. 또한 학교에서 기대하는 것을 배우는 신입생과 신입 교사가 있습니다. 그러나 소수의 학생이나 교사들은 그들이 가지고 있는 다른 기대치의 학교 문화를 접할 수도 있습니다. 그러고는 성공적인 학교생활을 위해 비교적 빠르게 적응하기도 합니다.

제주에 있는 국제학교에서는 이러한 학교 문화와 관련하여 다른 현상을 볼 수 있습니다. 이러한 현상은 좋고 나쁨을 떠난 현상 그 자체일 뿐입니다. 그리고 이러한 현상은 현재 세계 여러 국제학교들과 특히 동남아시아의 국제학교들, 즉 학교가 위치한 해당국의 국적을 가진 학생들이 대다수를 차지하고 있는 곳에서 나타나고 있습니다. 교사와 학교의 관리자들은 이러한 국제학교에 와서 '과거의 시대'로부터 국제학교의 경험과 기대치를 부여합니다.

반면에 한국 학생들은 새로운 학교에 지금까지 지배받고 있던 배움의 패턴을 기대하며 오직 새로운 내용과 언어만을 배우려고 합니다. 교사와 학생을 안내하는 기존의 지배적인 학교 문화가 없다면, 1,000명 이상의 학생들의 문화는 학교에서의 상대적 권위와 상관없이 100명 이상의 교사들의 문화를 압도할 수 있을 것입니다. 그리고 학습과 사회화에 관한 복잡한 문제를 해결하기 위해 학교 측에서 명백한 노력을 기울이지 않으면 상황은 오해와 좌절로 점철된 조용한 전쟁으로 이어질 수 있습니다.

그렇다면 해결책은 무엇일까요? 이 글을 여기까지 읽어주셨는데, 저의 대답을 들으시고 화가 나실지도 모르지만 양해를 부탁드립니다. 간단히 말하자면, 단순히 쉬운 해결책은 없습니다. 하나의 소극적인 해결책으로는 시간이 있을 것입니다. 점점 더 많은 학생들이 국제학교에서 배움의 전반적인 여정을 겪으면서 학습 성향과 가치를 배워 나가면서 지배적인 학교 문화가 발전할 것입니다(단순히 서구권 지향 문화가 아니라 두 가지 관점 중 최고를 연결하는 방식으로 발전하기를 희망합니다). 보다 더 적극적인 접근 방식은 학교가 교사와 학부모의 공유 가치와 관점에 따라 학교 문화를 개발하고 관리하는 데 많은 노력과 자원을 투자하는 것입니다. 이 접근 방법은 새롭지만 일부 상황에서 시도되는 강력한 아이디어입니다(Booth, McKenzie, & Shanahan, 2016). 그동안 기다리면서 무엇을 할 수 있습니까? 아마도 우리는 모범을 보이며 서로 자주 의사소통을 하고 대화의 기회를 통해 우리의 관점과 아이디어를 개발하여 추진시켜볼 수 있습니다.

— 제주 세인트존스베리아카데미(St. Johnsbury Academy)
중등 수학교사,
에릭 슈너드(Eric Schoonard)

교사 기고_

Observations on Korean Students in International School in Korea

Throughout my career, I've had the privilege of teaching mathematics at both private and public schools in the United States, at international schools outside Korea, and now teaching at an international school on Jeju Island. My relationship and interest in Korean education, however, goes back much further than my current teaching job. Being married to a Korean myself I've been in and around Korea for about ten years now. Even outside of Korea, the topic of "Koreans in Education" arises often among teachers and parents, and one would be hard-pressed to find an international school in the world without at least a small Korean contingent. My humble perspective on Koreans in international schools is informed by a type of duel-perspective, shaped by my own perspectives and experiences, as well as countless conversations and interactions. As such,

I present some humble commentary on Korean students in international schools.

When asked to write a short article comparing international school students in Jeju with other students I've taught, I found it to be a challenging task. Not only because "short" is not my writing style, but also because I'm a firm believer that what we "see" in students is a result of many factors: school culture and expectations, family culture and support, ingrained habits developed throughout students' lives, problem-solving ability, mindset, etc. I don't believe nationality, race, or location of schooling have any effect by themselves(although they may indirectly contribute to some of the other factors mentioned above). In other words, a successful Korean student in Jeju may have more in common with a successful American student in New York than they do with an unsuccessful Korean student in Jeju.

Yet there does seem to be some attitudes or dispositions more prevalent in American students (whether in international schools or not) and some more prevalent in Korean students (whether in international schools or not). I introduce two of these differences here that I think have implications in international schools. First, American students tend to invest more energy and effort into subject areas in which they feel passionate or talented, perhaps neglecting others that they find more difficult. This may cause some to stereotype American's as being more creative or dreamers. Korean students tend to put value on effort and believe that with enough dedicated effort any academic goal can be obtained. This may cause some to stereotype Koreans as being more diligent, tenacious, or result-focused. Second, American students tend to value deep conceptual understanding, the "why", early on in the learning process, whereas Korean students tend to value correct procedure early on, the "how", in order to allow conceptual understanding to build later. In addition, there are well-documented differences in tendencies towards individualism or collectivism.

As a math teacher, I've seen these differences produce stark differences in outcomes, and frankly, I see them both as extremes on a spectrum, perhaps even extremes to be avoided. The most successful students I've had the privilege of teaching, regardless of nationality, were savvy enough to realize the power in finding the middle ground of these extremes. Yes, conceptual understanding in important, but so is fluency. In math, it understanding a concept early on is wonderful, but if a student doesn't, learning the process first and building fluency and then allowing time for the conceptual understanding to develop is an excellent alternative. Being passionate and creative is incredibly important to have a full, well-rounded, happy life, but developing the tenacity and determination to be successful in areas that one finds less pleasant or less able is also incredibly important. Working together is important, but not if it suffocates one's personality; being a unique person is important, but not if it comes at peril to the community. Like in many areas, balance, and taking in multiple perspectives in important. I've seen so many students in international schools, regardless of nationality, find success by bridging these cultural extremes.

International schools are not the only places this bridging of cultures is seen. "Creativity" is a buzzword in Korean blogs and best-sellers, and books about "Growth Mindset" and "10000 hours of deliberate practice" have topped the charts in the United States. Yet, at the international schools on Jeju, I've seen more students struggling to successfully bridge this gap than I'm used to seeing. I've seen more parents unsatisfied than I'm used to seeing. Why is this? My motivation to begin my doctorate stemmed from this exact question, although an answer is far off, perhaps some of my initial readings and research will be useful to start to understand the phenomenon.

Before discussing students in Jeju international schools, it might be helpful to talk about the concept of international schools and take a quick look at where they came from. While the definition of "international school" is a bit elusive, it is generally accepted that the first international schools were founded in Geneva, Switzerland, and Yokohama, Japan in the wake of World War One(Sylvester, 2002). The stated purpose of those schools was to foster a globalized perspective of the world, to promote peace, equality, and to avoid the extreme nationalism that led to World War One.

However, it is important to note that these initial international schools were mostly comprised of Western students learning Western values from Western teachers. This expatriate demographic of international schools continued until rather recently. In the 1980s about 80% of the students in international schools were expatriates, children of internationally mobile parents working in business, and about 20% were local "host-country" students(Bunnell, Fertig, & James, 2016). In the 1980s this demographic began to change. First, with the growth of the "tiger economies" in Asia, the mobile expatriate parent population of international school began to shift away from being primarily Western. Then, exploding domestic demand for these international schools shifted the demographic from mainly expatriates to mainly local. 30 years later, in 2010, about 80% of students in international schools attend in their home country, and only 20% are expatriates.

I must apologize at this point for taking this long in an article about student experiences, to actually talk about student experiences. But the student experience in Korean international schools cannot be separated from the global context in which they exist. Much has changed in the world of international schooling, but much, for better or for worse, has stayed the same. Students are still taught a Western curriculum, naturally composed of Western values, by mostly Western teachers; only the demographics of the students (and likewise the parents) have changed. How does this affect the way students learn and succeed in these schools?

In my teaching experiences in the USA, and in international schools with a diverse demographic of nationalities, each school had a unique, persistent identity and dominant school culture. In the USA, this school culture mostly mirrored the larger American culture; in international schools with a diverse demographic, the school culture was more of a neutral, unique "melting-pot" microculture inside the larger macroculture of the host country. This dominant school culture was palpable, and a student (or even a teacher) coming into the school community for the first time was socially expected to undergo a time of assimilation before being afforded the ability to contribute to or change this culture.

This culture of which I speak is not only surrounding the social interactions or language but extends far into the academic world. Think about the following questions, and imagine for a moment a student and a teacher have opposite perspectives on how they should be answered. What are acceptable ways to get assistance from a teacher? How much interaction should I have with my teacher or other peers in class? What is an acceptable method to solve conflict with my peers? When a teacher is telling me I did something wrong, should I look down or look them in the eyes? What should I do when I teacher gives an opinion I disagree with? Is it okay to give an incorrect answer to a teacher if I don't fully understand the concept?

A student coming into a new international school will

almost certainly undergo a time of adjustment and adapting to the school's cultural expectations. And here we come to the core of my comparison of international school students in Jeju and in other parts of the world. In USA schools, and in international schools with a diverse demographic, this school culture and the expectations surrounding it, at any given time, are understood by a majority of the teachers and students. Of course, there are always new students and new teachers in the school that are learning what is expected, but they are in the minority, they can see and feel the school culture is different than their current expectations, and in order to be successful, they relatively quickly adjust.

In the Korean international schools in Jeju, there is a different phenomenon in relation to this school culture. This phenomenon, like most, is not better or worse, it just is. And it's important to note that this phenomenon is shared with many international schools in countries around the world (although currently highly concentrated in Eastern and Southeastern Asia) that have a similar demographic of mostly domestic students. Teachers and administrators come into these international schools bringing in the experiences and expectations from international schools from a "past era." Korean students, on the other hand, tend to come into the new school expecting learning to follow much the same pattern it has their entire life until then, only with different content and in a different language. Without a preexisting dominant school culture that guides both teachers and students, the culture of the 1000+ students will overpower the culture of the 100+ teachers, regardless of their relative positive of authority in the school. And without explicit effort on the part of the school to address these complex issues about learning and socialization, the situation can devolve into a mild battleground of misunderstandings and frustrations.

So, what is the solution? You would be forgiven if you are upset at my answer, especially after reading this far in the article. In short, there is no easy solution. One passive solution is time. As more and more students spend their entire educational journey in these international schools, embracing the learning styles and values from a young age, a dominant school culture will develop. (One would hope that it develops in a way that bridges the best of the two perspectives, and not a purely Western-oriented culture). A more active approach is for schools to invest significant time and energy into developing and curating a school culture, based on shared values and perspectives of teachers and parents. This approach is new, but a powerful idea being tried in some contexts (Booth, McKenzie, & Shanahan, 2016). In the meantime, while we wait what can be done? Perhaps we can live by example, communicate with each other often, and take every opportunity to have conversations that challenge and push our perspectives and ideas.

Notes

Booth, S., McKenzie, M., & Shanahan, E. (2016). Lessons learned from opening a world school. In M. Hayden & J. Thompson (Eds.), *International schools: Current issues and future prospects* (pp. 165–183). Oxford: Symposium Books.

Bunnell, T., Fertig, M., & James, C. (2016). *What is international about International Schools? An institutional legitimacy perspective.* Oxford Review of Education, 42(4), 408 – 423. https://doi.org/10.1080/03054985.2016.1195735

Sylvester, R. (2002). *Mapping International Education: A Historical Survey 1893-1944.* Journal of Research in International Education, 1(1), 90 – 125. https://doi.org/10.1177/147524090211005

학생 인터뷰_

국제학교 학생들이 말한다

국제학교 10학년에 재학 중인 학생 3명에게 국제학교 공부의 남다른 점과 배움의 특징이 무엇인지 물어보았다.

IB 교육에서 가장 큰 특징은 무엇이라고 생각하나요?

"배움의 깊이가 깊은 것이 가장 큰 장점이라 생각합니다. 하나를 배우면 열을 안다는 말이 IB에 가장 적합한 비유가 아닐까 생각해요. 일반 학교 수업은 주로 단어를 외우거나 사건을 외우고 원인과 결과 그리고 의의를 외우는 게 전부였다면 여기서는 기본적인 암기와 이해를 바탕으로 현실과 연결지어 비판적인 사고를 하는 경우가 많아요.

예를 들어 한국전쟁을 배운다고 치면, 일반 학교에서는 한국전쟁의 원인과 결과 그리고 의의를 암기하고 객관식과 서술형 답안에 적절한 정해진 답을 적어야 하는 게 대부분입니다. 그런데 IB 학교에서는 다릅니다. 한국전쟁에 대한 기본적인 사건 이해를 바탕으로 현실에서 발생하고 있는 사건과 연결을 지어 공부하는 식이지요. 그렇기에 다양한 자료조사 능력이 뛰어나야 하고 자주적으로 한 사건에 대해 깊게 연구하는 시간이 주어지니까 아무리 시간이 지나도 절대 까먹지 않습니다. 정말 진실된 '배움'이란 이런 것인가 싶을 정도로 의미 있는 배움이라 행복합니다."

"저는 학교가 다양한 사고력을 요구하는 덕분에 저 스스로 충분히 깊게 생각하고 한 학문에 대해 뚜렷하게 파악하는 기회를 가질 수 있는 점을 꼽고 싶어요. 국어 수업만 하더라도 단순한 감상문이 아니라 책 분석, 창의적인 글쓰기 그리고 다른 장르의 형식으로 표현하기 등 창의성을 발휘해야 하지요. 다양한 예체능 활동과 방과 후 활동도 상상력과 창의력에 많은 도움이 되고요."

"저는 디자인 분야에 관심이 있었어요. 건축가가 꿈이거든요. 그래서 수학이나 국어에 시간을 쏟기보다는 아트 분야에 시간을 쏟고 싶었습니다. IB 학교에서는 심도 있는 디자인 수업과 미술 수업 그리고 엄청난 실력의 선생님들이 계시기에 많은 것을 배울 수 있어요. 3D 프린터 사용이든지 대학에서 배우는 건축디자인을 고등 과정부터 준비할 수 있는 것이 제겐 큰 장점이에요. 미래에 전공하고 싶은 과목을 미리 공부할 수 있다는 것이 가장 큰 장점이라 생각합니다."

반대로 힘든 점이 있다면요?

"배움의 양은 방대하고 엄청나게 힘들다는 게 아닐까요? 고진감래라는 말이 있듯이, 고생이 있어야 대가가 있는 거라 생각해요. IB

의 교육 특성상 자발적인 학습과 연구 능력 그리고 여러 시각에서 볼 수 있는 능력을 요구하기 때문에 자료조사를 많이 해야 하는데, 처음 선생님이 내주신 숙제 자료를 찾는 데에만 꼬박 3일이 걸렸습니다. 인터넷은 넓고 자료는 차고 넘치는데, 어떤 자료가 더 정확하고 내가 원하는 부분을 명시하는지 찾기란 꽤 어려운 일이었어요."

"가끔 정확한 정답이 존재하지 않거나 학생이 이해하기 어려운 높은 수준의 주제를 배우는데, 그때가 조금 당황스럽고 힘이 들어요. 과제 하나를 완성하려 해도 많은 시간이 필요하고 검토를 매우 여러 번 해야 하는 것도 어렵고요. 주어진 과제에 따라 채점 과정도 달라져 항상 신경 써야 한다는 점도 어렵게 느껴질 때가 있어요. 그러나 여러 번 하다 보면 자기만의 해결 방법을 찾기 때문에 큰 걱정은 하지 않습니다."

"유일한 단점은 수행 평가가 늘 내신에 들어가다 보니 늘 열심히 해야 한다는 것이죠(웃음). 과제가 많은 기간에는 거의 잠을 못 잔다고 해도 좋을 정도예요. 아무리 예술을 전공한다 해도 기본적인 과목을 모두 이수해야 하고 일정 점수를 넘어야 졸업할 수 있다는 점도 단점이자 장점일 수 있겠네요. 그러나 모든 배움은 연결되어 있다고 생각해요."

부록

| IB의 초등·중등·고등교과과정 |

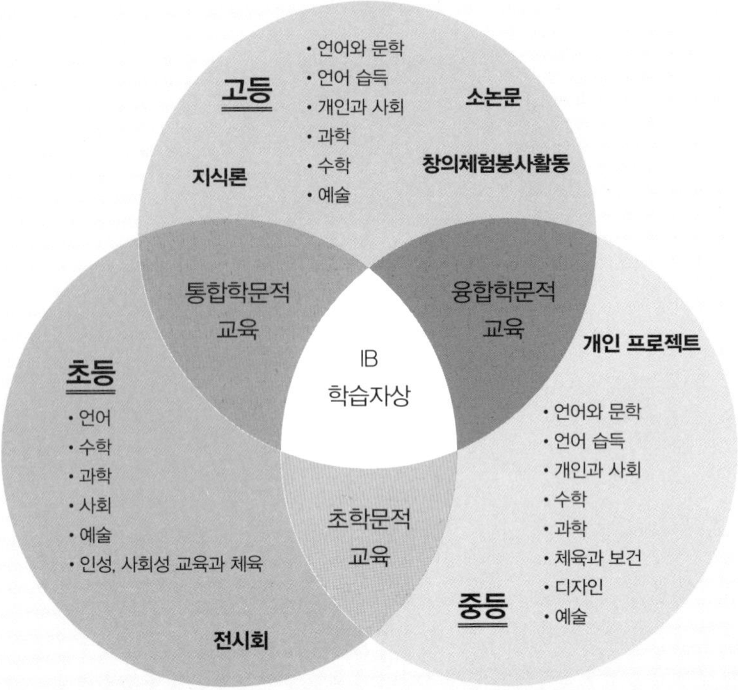

| IB의 10가지 학습자상 |

탐구하는 사람 (Inquirers)	• 우리는 질문하고 연구하는 능력을 개발함으로써 우리의 호기심을 육성한다. • 우리는 독립적으로, 그리고 다른 사람들과 협력하여 배우는 법을 안다. • 우리는 열정을 가지고 배우며 삶을 통해 배움에 대한 애정을 지속한다.
지식이 풍부한 사람 (Knowled-geable)	• 우리는 개념적 이해를 개발하고 사용하며 과목의 범주를 넘어선 지식을 탐구한다. • 우리는 지역사회 및 세계적으로 중요한 의미를 지닌 이슈나 아이디어와 소통한다.
생각하는 사람 (Thinkers)	• 우리는 비판적이고 창의적인 사고 기술을 사용하여 복잡한 문제를 분석하고 책임감 있게 행동한다. • 우리는 타당하고 윤리적인 결정을 내리는 결단력을 연습한다.
의사소통을 잘하는 사람 (Communi-cators)	• 우리는 한 가지 이상의 언어를 사용하여 다양한 방법으로 자신을 자신감 있고 창의적으로 표현한다. • 우리는 효율적으로 다른 개인 혹은 그룹들과 협력하고 그들의 관점에도 귀 기울인다.
원칙을 지키는 사람 (Principled)	• 우리는 진실성과 정직성을 가지며, 강한 공정성과 모든 사람들의 인권과 존엄성을 존중하며 행동한다. • 우리는 우리의 행동과 이로 인한 결과에 대해 책임을 가진다.
열린 마음을 가진 사람 (Open-minded)	• 우리는 다른 사람들의 가치와 전통과 더불어 우리의 문화와 개인사를 비판적으로 인식한다. • 우리는 다양한 관점을 찾고 평가하며 우리 스스로의 경험을 통해 성장하고자 한다.
배려하는 사람 (Caring)	• 우리는 공감하고 연민을 가지며 존중심을 보인다. • 우리는 우리 주변의 세상과 다른 사람들의 삶에 긍정적인 변화를 만들기 위해 행동하며 봉사한다.
도전하는 사람 (Risk-takers)	• 우리는 불확실한 것에 대해 심사숙고하고 단호하게 접근한다. • 우리는 새로운 아이디어와 혁신적인 전략을 탐구하기 위해 독립적으로 그리고 협조적으로 임해야 한다. • 우리는 모험과 변화를 마주했을 때 임기응변이 가능하고 탄력적으로 대응한다.
균형 있는 사람 (Balanced)	• 우리는 모두의 웰빙을 성취하기 위해 삶의 다양한 방면(지적, 신체적, 감정적)에 균형을 맞추는 것에 대한 중요성을 이해한다. • 우리는 다른 사람들과 우리가 사는 세상과의 상호의존을 인지한다.
성찰하는 사람 (Reflective)	• 우리는 세상과 우리 스스로의 생각과 경험을 배려 깊게 숙고한다. • 우리는 우리의 학습과 개인 발전을 위해 스스로의 장점과 단점을 이해하려 노력한다.

| IB 교육과정 개요 |

교육과정	초등교과과정(PYP)	중등교과과정(MYP)	고등교과과정(DP)
학습 연령	만 3~12세	만 11~16세	만 16~19세
학년	1~5학년	6~10학년	11~12학년
핵심 교육 모델	통합학습 (과목 간 공통 주제 활용)	융합학습 (학제 간 통합 지식 학습)	다분야에 걸친 심층학습
주요 교과목 및 수료 요건	(1) 교과목 • 언어 • 수학 • 과학 • 사회 • 예술 • 인성, 사회성 교육과 체육 (2) 공통주제 • 우리는 누구인가 • 우리가 속한 공간과 시간 • 자신을 표현하는 방법 • 세계가 운용되는 방식 • 우리 자신을 구성하는 방식 • 우리 모두의 지구 + 전시회	(1) 교과목 • 언어와 문학 • 언어 습득 • 개인과 사회 • 수학 • 과학 • 체육과 보건 • 디자인 • 예술 (2) 글로벌 맥락 • 개인의 탐구 및 관계 • 공간과 시간의 개념 • 개인적·문화적 표현 • 과학 기술 혁신 • 세계화 및 지속 가능성 • 공정성 및 발전 + 개인 프로젝트	(1) 교과목 • 언어와 문학(모국어) • 언어 습득(외국어) • 개인과 사회 • 과학 • 수학 • 예술 (2) 대학 진로 관련 선택과목 학습 • 일반 3과목 • 심화 3과목 (3) 핵심 필수 영역 • 지식론 • 소논문 • 창의체험봉사활동 • 졸업인증시험
언어 학습	• 모국어 개발 지원(만 5세 부터 추가 언어 학습)	• 모국어 및 최적 언어 개발 지원 (추가 언어 습득)	• 모국어 및 최적 언어 개발 지원 (추가 언어 습득) • 학교의 지원 및 자습으로 언어A 습득 (언어B 추가 학습)
평가 방법	• 학습의 모든 면에 대한 내부 평가	• 과목별 특정 평가 항목에 대한 내부평가 • 학교에 따라 온라인 평가 시행	• 내부 학습평가에 대한 국제학력인증기구의 외부 조정 및 평가

| DP의 6개 과목군 개요 |

제1과목군(언어와 문학)	제2과목군(언어 습득)	제3과목군(사회)
• 언어A : 문학(일반·심화) • 언어A : 언어와 문학 (일반·심화) • 문학과 연극(일반)	• 기초언어 • 일반언어B(일반·심화) • 고전언어 • 온라인 프로그램	• 경영관리(일반·심화) • 경제(일반·심화) • 지리(일반·심화) • 글로벌 정치학(일반·심화) • 역사(일반·심화) • 글로벌사회 정보기술 (일반·심화) • 철학(일반·심화) • 심리학(일반·심화) • 사회문화인류학(일반·심화) • 세계 종교(일반·심화) • 온라인 프로그램

제4과목군(과학)	제5과목군(수학)	제6과목군(예술)
• 생물(일반·심화) • 컴퓨터과학(일반·심화) • 화학(일반·심화) • 디자인기술(일반·심화) • 물리(일반·심화) • 스포츠·운동과 건강과학 (일반·심화) • 통합교과목 : 환경시스 템과 사회(일반·심화)	• 수학연구(일반) • 수학(일반) • 수학(심화) • 상급수학 • 온라인 프로그램	• 댄스(일반·심화) • 음악(일반·심화) • 필름(일반·심화) • 무대연출(일반·심화) • 시각예술(일반·심화) • 온라인 프로그램

| DP 핵심 필수 영역의 주요 특징 |

영역	주요 특징
지식론 (ToK)	• 최소 100시간 이상 이수 필요 • 다양한 문화에 따른 다양한 사고방식을 토대로 비판적인 숙고를 행함 • 정치·철학·종교 등의 분야에서 통합교과적·비판적인 사고를 훈련하는 과정으로 이론과 그 상호 관계를 이용 • 국제학력인증기구에서 제시하는 주제 중에서 골라 ① 1,200~1,600단어의 논술문 작성 ② 주제 발표문을 작성해서 10분간 발표 ③ 자기평가 보고서 작성
소논문 (EE)	• 관심 있는 주제를 선택한 후 지도 교사의 도움으로 40시간 이상을 투자하여 4,000단어 이하의 소논문 작성 • 연구 주제, 연구 방법, 논리 전개, 분석 수준 등을 통해 평가됨
창의체험 봉사활동 (CAS)	• 교과목 외의 영역에서 창의성을 기르기 위한 예술, 스포츠와 같은 특별활동과 병원, 양로원에서 하는 봉사활동 등을 포함 ① 창의적 활동 : 오케스트라, 신문 제작 등과 같은 창의적 활동 영역 ② 신체적 활동 : 야구, 농구와 같은 체육 활동 영역 ③ 봉사활동 : 학생회, 고아원 봉사활동과 같은 봉사활동 영역 • 담당 교사의 지원을 받으며 2년간 매주 3~4시간씩 최소 150시간의 활동 수행 필요 • 자기평가보고서 작성

| DP 핵심 필수 영역의 평가 |

지식론(ToK)	소논문(EE)	창의체험봉사활동(CAS)
내부평가(33%)+외부평가(67%) : 프레젠테이션과 1,600단어 분량의 에세이 작성으로 구성됨. 에세이는 학교의 내부평가를 거친 후 IB 평가자에게 전달되어 평가됨	외부평가 : 작성한 소논문은 IB 평가자에게 전달되어 평가됨	• 공식적인 평가가 진행되지 않지만 고등교육과정의 수료를 위해서는 필수적임 • 학생들은 활동이 끝날 때마다 정기적으로 자기평가 보고서를 제출해야 함

| 창의체험봉사활동과 연계된 소논문 주제 및 교과목 예시 |

창의체험봉사활동	소논문 주제	교과목
강에 버려진 쓰레기 제거	하천의 수질순도 검사	화학
자연보호구역 내 토착식물 보호	자연보호구역의 토착식물 조사 및 필요한 토양 조건 조사	생물
스키 슬로프 제거	토양 깊이와 식물 성장 사이의 관계에 대한 조사	환경 시스템
어르신들과 역사 알아보기	주민들이 경험한 주제에 대한 구술 역사 프로젝트	역사
소규모 자선단체와 협업	자선사업 계획 검토	경영 관리
시각장애인을 위한 독서 봉사활동	두 작가의 작품을 읽고 스타일을 비교하고 에세이 작성하기	언어
거리를 떠도는 아이들과 함께하기	거리 생활을 하는 아이들의 이주 형태 찾아보기	지리학

| 지식론과 소논문 평가 기준 |

소논문 \ 지식론	A	B	C	D	E	미제출
A	3	3	2	2	불합격	미제출
B	3	2	2	1	불합격	미제출
C	2	2	1	0	불합격	미제출
D	2	1	0	0	불합격	미제출
E	불합격	불합격	불합격	불합격	불합격	미제출
미제출	미제출	미제출	미제출	미제출	미제출	미제출

※ A : 뛰어남 B : 우수 C : 만족 D : 보통 E : 초보

| DP 학생 개인의 선택에 따른 과목 예시 |

• 예시 1 ① (일반) 기초 일본어 ② (일반) 스페인어A 문학 ③ (일반) 역사 ④ (심화) 생물학 ⑤ (심화) 물리학 ⑥ (심화) 수학	• 예시 2 ① (심화) 영어A 문학 ② (심화) 프랑스어B ③ (심화) 사회문화인류학 ④ (심화) 화학 ⑤ (일반) 수학 ⑥ (일반) 연극
• 예시 3 ① (심화) 영어A : 문학 ② (일반) 노르웨이어A 문학 ③ (심화) 역사 ④ (일반) 생물학 ⑤ (일반) 수학 연구 ⑥ (심화) 시각예술	• 예시 4 ① (일반) 중국어A 문학 ② (심화) 영어B ③ (심화) 지리학 ④ (심화) 경영관리 ⑤ (일반) 물리학 ⑥ (일반) 수학
• 예시 5 ① (일반) 영어A 문학 ② (일반) 프랑스어B ③ (심화) 경제학 ④ (심화) 화학 ⑤ (일반) 물리학 ⑥ (심화) 수학	• 예시 6 ① (일반) 기초 스페인어 ② (심화) 노르웨이어A 문학 ③ (심화) 독일어B ④ (심화) 지리학 ⑤ (일반) 생물학 ⑥ (일반) 수학

| MYP 개인과 사회 수업 교과목 |

교과 \ 학년	6학년	7학년	8학년	9학년	10학년
단위 1*	역사는 무엇인가? : 고대 문명	지도제작 및 방향	지도자	혁명	세계 1·2차 대전 및 냉전 – 고등교과과정 역사 소개
단위 2	지리학은 무엇인가? : 자연환경	위험과 재해	식민주의 및 제국주의 시대	시민권과 인종관계	인구통계학 – 고등교과과정 지리 소개
단위 3	날씨와 기후	산업혁명	강 : 신선한 물이 가지는 힘	바다	미시·거시 경제학 – 고등교과과정 경제 소개
단위 4	중세시대	인류의 정착	인권과 국제협력	세계 개발 및 세계화	세계 정치 및 최근 동향

* 단위는 중등교육과정에서 한 교과를 말한다. IB에서는 유닛(Unit)으로 표기한다.

| IB 교육과정 전반에 걸친 개인과 사회 과목 학습 |

교육과정 구분	개인과 사회
고등교과과정(DP)	경영, 경제, 지리, 세계정치, 역사, 국제사회에서의 정보기술, 철학, 심리학, 사회문화인류, 세계 종교, 환경시스템과 사회
중등교과과정(MYP)	역사, 지리, 통합인문학, 경영, 공민학, 경제, 철학, 정치과학, 심리학, 사회, 세계 종교
초등교과과정(PYP)	사회

| MYP 수학 수업 교과목 예시 |

	6학년	7학년	8학년	9학년	10학년
단위 1	수의 역사	숫자 : 정수의 조작	비례수와 비율(시각예술 과목과 융합수업)	대수적 개념과 연립방정식	삼각형의 일치와 유사성
단위 2	수 연산	양식과 대수학	재무에서의 숫자	기하학과 그래픽 적용 조정	인수분해 및 이차함수
단위 3	대수학 개론	그래픽과 함수의 해석 및 제시	기하학과 피타고라스	확률에서 배타적 및 통합적 사건	삼각법
단위 4	함수	함수, 소수점 및 백분율	대수학적 표현, 방정식 및 확장	이차함수 조작	지수함수 및 대수
단위 5	둘레, 넓이 및 부피	비와 비례	기하학 및 일차 함수 조정	이차함수 도식화 및 조정	데이터, 추세, 회귀분석 모형 제작
단위 6	예술에서 수학적 개념 탐구(시각 예술 과목과 융합수업)		인구 샘플링	논리와 네트워크	

| MYP 과학 수업 교과목 예시 |

	6학년	7학년	8학년	9학년	10학년
단위 1	정량적 측정	음식과 소화	반응속도	힘과 운동	현대 유전학
단위 2	재료 분류	지구와 대기	에너지 전달	신경계	에너지학
단위 3	세포	전기와 자기력	면역학	평형	전자파
단위 4	힘과 운동	소리와 빛	물과 용액	전자기학	보건과 건강
단위 5	화학반응	화학반응 II	우주에서 우리의 위치	정량분석화학	산화 환원반응
단위 6	생태학	식물과학	고전 유전학	내분비계	방사성 입자와 기본 입자

| MYP 개인 프로젝트 구성 요소 |

개인 프로젝트 요소	평가방법
제품·결과를 이끌어내는 주제에 주력	명확한 발표·보고서
프로세스 저널	보고서 내 첨부된 부록에서 발췌하여 선정
보고서	4개의 평가 기준에 따라 내용 평가

| MYP 개인 프로젝트 보고서 작성 형식 |

형식	길이
서면	1,500~3,500단어
전자(웹사이트, 블로그, 슬라이드쇼)	1,500~3,500단어
구두(팟캐스트, 라디오 방송, 녹음)	13~15분
시각(영상)	13~15분

| MYP 개인 프로젝트 보고서 길이 |

시간(녹음 혹은 녹음 · 녹화)	글자 수 제한
3분	1,200~2,800단어
6분	900~2,100단어
9분	600~1,400단어
12분	300~700단어

| MYP 개인 프로젝트 작성 시 출처 자료 평가표 |

신빙성	• 자료의 저자는 누구인가? • 저자는 어떤 자격을 갖추고 있는가? • 해당 자료의 출판사는 어디인가?
최신성	• 출판일은 언제인가? • 인터넷에서 자료를 얻은 경우, 언제 해당 웹사이트가 마지막으로 업데이트되었나?
관점 및 편견	• 해당 자료는 어떤 목적을 가지고 작성되었나? • 작가의 의견은 명백한가?
범위	• 원본인가 2차 자료인가?
관련성 및 가치	• 이 자료에서 어떤 사실을 배웠는가? • 이 자료가 본인의 제품·결과를 달성하는 데 어떤 도움을 줄 것인가?

| PYP의 초학문적 주제 |

초학문적 주제	상세 내용
우리는 누구인가 (Who We Are)	자신의 성격, 신념과 가치관, 개인적·신체적·정신적·사회적·영적 건강, 가족·친구·공동체 문화를 포함한 인간관계, 권리와 책임, 인간의 의미 탐구
우리가 속한 공간과 시간 (Where We Are in Place and Time)	시공간적 지향성, 개인사, 가정과 여정, 인류의 발견·탐험·이주, 지역적·국제적 시각으로 본 개인과 문명의 관계 및 상관성 탐구
우리는 어떻게 자신을 표현하는가 (How We Express Ourselves)	생각·감정·자연·문화·신념·가치관을 발견하고 표현하는 방법, 창의성을 숙고하고 넓히고 즐기는 방법, 미학적인 감상법 탐구
세계는 어떻게 움직이는가 (How the World Works)	자연세계와 법칙, 물리적·생물적 자연세계와 인간사회의 상호작용, 인간이 과학 원리를 이해하여 이용하는 방법, 과학기술 발전이 사회와 환경에 미치는 영향 탐구
우리는 어떻게 자신을 구성하는가 (How we Organize Ourselves)	인간이 만든 제도와 공동체의 상관성, 조직의 구조와 기능, 사회적 의사결정, 경제활동과 이러한 경제활동이 인류와 환경에 미치는 영향 탐구
우리 모두의 지구 (Sharing the Planet)	한정된 자원을 타인·다른 생물과 공유할 때의 권리와 책임, 공동체와 그 내부 관계 및 공동체 간 관계, 기회균등, 평화와 갈등 해결 탐구

| IB 학습 평가 개념 |

학습에 대한 평가 (종합평가)	학습을 위한 평가 (형성평가)	학습으로서의 평가 (자기인식 및 성찰)
학습에 대한 평가는 학부모, 교사들을 포함하여 학생에게 성과의 증거를 제공하기 위해 설계되었다.	학습을 위한 평가는 과정 중간에 1회 이상 이루어지는데, 이를 통해 학생들은 무엇을 배울 것인지와 함께 본인의 학습 능력을 발전시키기 위한 피드백과 조언을 받게 된다.	학습으로서의 평가를 통해 학생들은 학습자로서 자신에 대하여 배우고 스스로 학습하는 법을 인식하게 된다. 학생들은 자기평가 혹은 동료평가를 통하여 정기적으로 본인의 학습 결과에 대해 성찰하고 다음 학습 계획을 수립한다.

| 국내 공식 IB 학교 목록 |

행정구역	학교명	IB 교육과정		
		PYP	MYP	DP
서울	남산국제유치원	○		
	덜위치칼리지서울영국학교			○
	서울드와이트외국인학교	○	○	○
	서울외국인학교	○	○	○
	코리아외국인학교	○	○	
경기	채드윅송도국제학교	○	○	○
	경기수원외국인학교	○	○	○
	경기외국어고등학교			○
대전	대전외국인학교	○	○	○
부산	부산국제외국인학교	○	○	○
경남	경남국제외국인학교			○
제주	NLCS제주			○
	브랭섬홀아시아	○	○	○

| 케임브리지 대학의 전공별 요구사항 |

전공	IB 학위에 따른 요구사항
건축학	• 총점 40~42점, 심화 3과목 이수 • 수학(심화), 물리 이수
경제학	• 총점 40~42점, 심화 3과목 이수 • 수학(심화) 이수
고고학	• 총점 40~42점, 심화 3과목 이수
고전학	• 총점 40~42점, 심화 3과목 이수 • 라틴어(심화) 이수
교육학	• 총점 40~42점, 심화 3과목 이수
법학	• 총점 40~42점, 심화 3과목 이수
심리학 및 행동과학	• 총점 40~42점, 심화 3과목 이수
아시아 및 중동 연구	• 총점 40~42점, 심화 3과목 이수 • 고전 및 근대 언어(심화), 유럽언어(심화) 이수
약학	• 총점 40~42점, 심화 3과목 이수 • 수학(심화) 이수
언어학	• 총점 40~42점, 심화 3과목 이수
엔지니어링	• 총점 40~42점, 심화 3과목 이수 • 수학(심화), 물리 이수
역사학	• 총점 40~42점, 심화 3과목 이수 • 역사(심화) 이수
영어	• 총점 40~42점, 심화 3과목 이수 • 영문학(심화) 이수
음악학	• 총점 40~42점, 심화 3과목 이수 • 음악(심화) 이수
자연과학	• 총점 40~42점, 심화 3과목 이수 • 수학(심화), 과학 이수
지리학	• 총점 40~42점, 심화 3과목 이수 • 지리(심화) 이수
철학	• 총점 40~42점, 심화 3과목 이수
컴퓨터 과학	• 총점 40~42점, 심화 3과목 이수 • 수학(심화), 물리 이수
화공학	• 총점 40~42점, 심화 3과목 이수 • 수학(심화), 물리, 화학 이수

| 옥스퍼드 대학의 전공별 요구사항 |

전공	IB 학위에 따른 요구사항
경제 및 경영	• 총점 39점, 심화 3과목 이수
고고학 및 인류학	• 총점 38점, 심화 3과목 이수
고전	• 총점 39점, 심화 3과목 이수
고전 및 영어	• 총점 39점, 심화 3과목 이수
기계공학	• 총점 40점, 심화 3과목 이수 (수학과 물리 심화 7점)
미술	• 총점 38점, 심화 3과목 이수
생명과학	• 총점 39점, 수학 혹은 과학 심화 7점
생물의학	• 총점 39점, 심화 3과목 이수 (생물, 화학, 물리, 수학 중 심화 2과목 이수)
역사	• 총점 38점, 심화 3과목 이수
영문학 및 영어학	• 총점 38점, 심화 3과목 이수
지구과학	• 총점 39점, 심화 3과목 이수
지리	• 총점 39점, 심화 3과목 이수
컴퓨터 과학	• 총점 39점, 심화 3과목 이수
화학	• 총점 40점 • 화학(심화) 7점, 수학(심화) 7점, 과학 7점

| 일본의 IB 도입 학교 수 추이 |

구분	1979년	2014년	2018년	2020년
IB PYP 인증학교	0	16	26	40
IB MYP 인증학교	0	7	14	19
IB DP 인증학교	1	19	38	51

책을 마치며 전하는 감사의 말

제주와 서울 그리고 다시 인도와 중국을 연결하며 책이 나올 수 있도록 격려해주시고 챙겨주신 라온북 대표님을 비롯한 모든 라온북 식구들에게 감사의 마음을 전하고 싶습니다.

2019년 가을 이 책을 시작할 때 코로나19가 바꿔 놓은 세상에 대해서 상상하지 못했습니다. 그리고 정말로 단 몇 개월 만에 교육을 온라인 세상 속에 편승시켰습니다. 전 세계 대다수의 국가들은 국경을 닫아버린 상황입니다. 이렇게 물리적으로는 닫혀진 세상이지만 하나의 플랫폼으로 연결된 세상의 도래는 가속화되어가고 있는 실정입니다.

교육계에 종사하고 있는 교사들과 교직원들 그리고 학부모님과 학생들은 비대면 수업의 새로운 교육 시스템에 적응하기 위해 고군분투하고 있습니다. 시대가 요구하는 새로운 형식의 교육 시스템의 구축과 함께 글로벌 기준의 교육 콘텐츠로의 접근이 필수불가결한 시기입니다.

오늘도 각자의 자리에서 '교육'이라는 이름을 가지고 애쓰고 계실 분들을 응원하고 싶습니다.

미국, 중국 그리고 다시 인도로 늘 동분서주하는 우리 두 사람을 묵묵히 응원해주시는 부모님과 가족 그리고 지인들에게 감사와 사랑을 전하고 싶습니다.

북큐레이션 • 내 아이를 주도적인 사람으로 키우고 싶은 부모들을 위한 책

《국제 바칼로레아 IB가 답이다》와 함께 읽으면 좋은 책. 내 아이를 독립적이고 주체적이며 자존감 높은 사람으로 키우는 부모가 될 수 있습니다.

세상 쉬운 우리 아이 진로진학

차현정 지음 | 16,000원

4차 산업혁명 시대, 부모가 물려줄 수 있는 가장 위대한 유산은 자녀의 '재능 키우기'다!

지금 부모들의 가장 큰 고민은 '이런 세상에서 우리 아이가 어떻게 먹고살 것인가?'다. 17년간 사교육 현장에서 아이들을 가르치고 입시 컨설팅을 해온 저자는 초등학교부터 아이들의 재능을 발견하고 이를 진로와 진학에 연결시키는 방법을 안내한다. 저자가 강조하는 것은 부모가 자녀의 적성 및 성향을 파악하고 내 아이의 고유한 재능을 발견해서 이를 진로와 진학에 맞게 키우고 개발해 주는 일이다. 초등학교 때 아이의 재능을 키워줄 수 있는 씨앗을 심고, 다양한 경험을 통해 유능감을 발달시켜 재능을 꽃피운다면 다가올 대학 입시에서는 내 자녀에게 맞는 학과와 진로를 현명하게 선택할 수 있는 길이 열린다.

평범한 아이도 영재로 만드는 내 아이 두뇌 트레이닝

성호경 지음 | 14,500원

99% 엄마들이 모르는 뇌 발달 시기에 맞는 내 아이 두뇌 훈련법

주도적이고 독립적인 인생을 살아가는 아이로 키우기 위해서는 지금과 같은 양육 방식, 교육 방식으로는 곤란하다. 지식 습득보다 사고가 자유로운 아이, 개인의 창의력과 상상력, 자제력을 갖춘 아이가 대접받는 세상이 오기 때문이다. 28년간 교육 임상가로 보낸 저자는 아이의 생존력을 키우는 5가지 키워들을 안내하면서 지혜로운 두뇌를 만드는 손쉬운 놀이 방법을 구체적으로 소개한다. 가정에서 부모와 놀면서 쉽게 따라 할 수 있으므로 많은 부모들이 두뇌 만들기의 안내서로 손쉽게 활용할 만하다.